现代物流综合作业

组　编　北京络捷斯特科技发展股份有限公司

主　编　杨双幸
副主编　于立国　赵启文　程　鑫
主　审　刘兴华
参　编　高　原　李秀峰　史舒娅　段文婷　黄维娜

中国财富出版社有限公司

图书在版编目（CIP）数据

现代物流综合作业 / 杨双幸主编. —北京：中国财富出版社有限公司，2020. 6（2024. 7 重印）

ISBN 978 - 7 - 5047 - 7172 - 8

Ⅰ. ①现… Ⅱ. ①杨… Ⅲ. ①物流管理 - 中等专业学校 - 教材 Ⅳ. ①F252. 1

中国版本图书馆 CIP 数据核字（2020）第 099452 号

策划编辑 黄正丽 **责任编辑** 黄正丽
责任印制 梁 凡 **责任校对** 杨小静 **责任发行** 敬 东

出版发行	中国财富出版社有限公司		
社 址	北京市丰台区南四环西路 188 号 5 区 20 楼	**邮政编码**	100070
电 话	010 - 52227588 转 2098（发行部）		010 - 52227588 转 321（总编室）
	010 - 52227566（24 小时读者服务）		010 - 52227588 转 305（质检部）
网 址	http：//www. cfpress. com. cn	**排 版**	宝蕾元
经 销	新华书店	**印 刷**	宝蕾元仁浩（天津）印刷有限公司
书 号	ISBN 978 - 7 - 5047 - 7172 - 8/F · 3195		
开 本	787mm × 1092mm 1/16	**版 次**	2020 年 9 月第 1 版
印 张	9. 75	**印 次**	2024 年 7 月第 5 次印刷
字 数	196 千字	**定 价**	36. 00 元

前　言

在经济快速发展和“一带一路”新机遇的背景下，物流行业急需大批量高技能人才，培养优秀人才是保证优质物流服务的必要条件。为快速培养物流专业技能人才，加强对技能竞赛选手的引导和规范，主编团队在多年教学与实践研究的基础上，参照全国职业院校技能大赛中职组“现代物流综合作业”赛项，在准确把握大赛内容、主旨、难度的前提下，将完整项目分解成小项目、小任务，使本教材内容与技能大赛内容相对应，并将相关内容合理有序地应用在教材中。

本教材以物流中心日常业务的工作流程为主线展开，分为基础能力提升篇和专项能力提升篇两大篇目，共计六个模块、十五个任务。

与以往的教材相比，本教材具有以下特点。

（1）以实用性为前提。除叙述必要的理论内容外，更多强调实际操作性。因此，本教材在内容的安排上紧紧围绕职业技能的需要，选取具有典型性、真实性、可操作性的项目设计相应的任务，按照任务目标、任务资讯、任务描述、任务要求、任务实施、任务评价的结构设计相应的活动，增加实践操作技能和理论应用方面的知识，突出职业技能特点。

（2）以创新性为动力，紧跟时代步伐。在内容编写上，加入实训系统操作内容，引导学生真实完整地演练以工作活动为中心的实训操作，丰富学生的学习场景；借鉴当下企业的真实业务，按企业项目流程引导学生掌握相应的方法和技能，拉近学生与岗位的距离，具有体系清晰、内容全面、可读性强的特点。

（3）以针对性为方向。本教材的定位是以赛导学，将技能大赛相关内容融入课程教学。为物流专业教学提供从方法到实操的指导，促进和推动“理实一体化”教学模式构建和课程体系改革。本教材既可作为中等职业学校物流及相关专业全国技能大赛备赛指导用书，也可作为学生课堂学习及实习、实训用书。

本教材由杨双幸担任主编，负责教材结构的制定和项目内容编写，于立国、赵启文、程鑫担任副主编，刘兴华担任主审，负责教材的统稿和修订，参加编写的还有高原、李秀峰、史舒娅、段文婷、黄维娜。教材编写分工如下：杨双幸、高原负责模块一、模块二；于立国、李秀峰负责模块三；赵启文、史舒娅负责模块四；程鑫、段文婷负责模块五；刘兴华、黄维娜负责模块六。在教材的编写过程中，北京络捷斯特科技发展股份有限公司也提出了很多宝贵的意见和建议，在此一并表示感谢。

由于经验和水平有限，且时间仓促，本书难免有不足或偏颇之处，敬请读者批评指正。

编　者

2020 年 4 月

目　录

基础能力提升篇

专项能力提升篇

基础能力提升篇

模块一　仓储统计与分析

任务1　出入库报表统计分析

任务目标

1. 了解仓储统计与分析的内涵。
2. 能够对物流中心出入库月报表业务数据进行统计分析。
3. 能够熟练应用 Excel 软件中的排序、筛选、粘贴、基本公式等常用功能。

任务资讯

一、仓储统计与分析的内涵

仓储统计与分析是将统计学理论与方法运用到仓储作业中，揭示货品与管理活动数量关系的内在规律。它是以数量描述为基本特征的统计信息资料，既能够全面、及时地反映仓库供求和变动状况，是仓储作业的“晴雨表”；又能够正确、有效地提供仓储经济活动统计指标，为仓储作业提供决策依据。

二、托盘货架区库存信息表的主要内容

托盘货架区库存信息表的主要内容包括：储位编码、货品条码、货品名称、货品单位、货品数量。托盘货架区库存信息表示例如表 1 – 1 – 1 所示。

表 1 – 1 – 1　　托盘货架区库存信息表示例

储位编码	货品条码	货品名称	货品单位	货品数量

三、托盘货架区出入库报表的主要内容

出入库报表的主要内容包括：货品名称、入库量、出库量、库存结余量。托盘货架区出入库报表示例如表 1－1－2 所示。

表 1－1－2　　托盘货架区出入库报表示例

货品名称	入库量	出库量	库存结余量

四、库存结余量的计算公式

库存结余量是指货品经过一段时间出入库作业后，在某时间节点仓库结余的库存数量，具体计算公式为：

期末库存结余量＝期初库存量＋本期入库量－本期出库量

任务描述

××物流公司是一家综合型物流企业，主要为客户提供安全、快捷的综合物流服务。××物流公司拥有完善的物流服务网络，依托成熟的物流服务平台，业务范围覆盖 M 市及周边区域，提供仓储、市内配送等相关物流业务。××物流公司每天的工作时间为 7：00—17：00。

1. 托盘货架区初始储位及库存结余情况如图 1－1－1 所示（截至 2019 年 7 月 31 日 17 时）

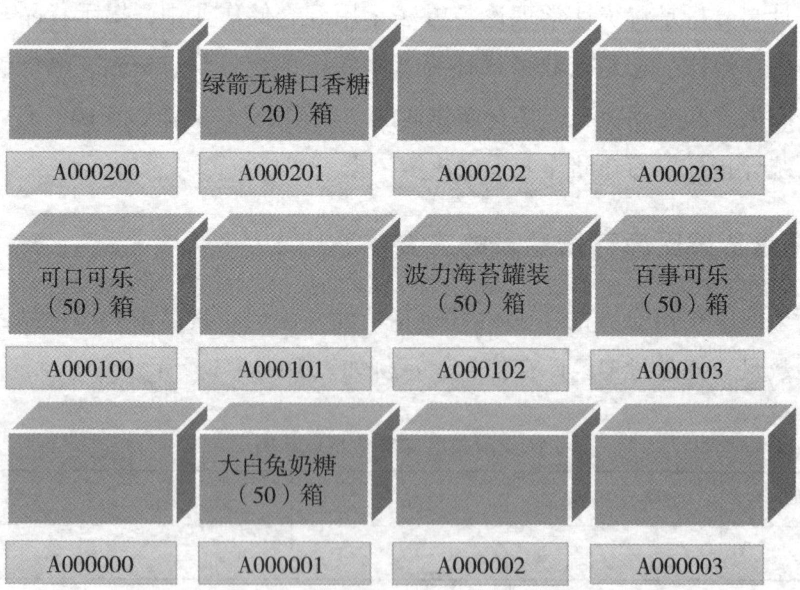

图 1－1－1　托盘货架区初始储位及库存结余情况

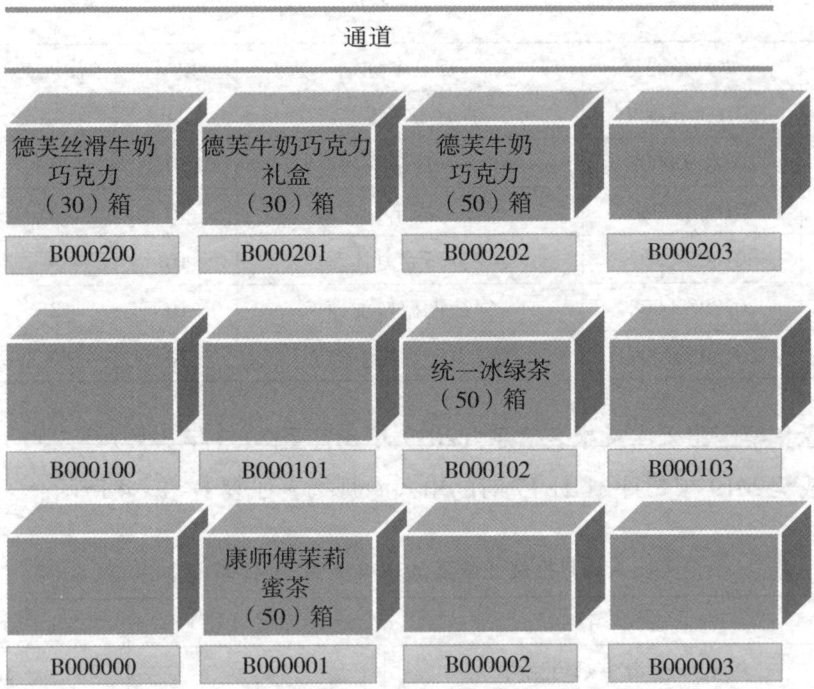

图 1－1－1　托盘货架区初始储位及库存结余情况（续）

注：储位编码自左至右分别表示：库内货区号（第 1 位）－通道号（第 2、3 位）－货架层号（第 4、5 位）－层内储位号（第 6、7 位）。例如储位编码 B000203 表示 B 区第 1 通道第 3 层第 4 个储位。

2. 截至 2020 年 7 月 31 日 17 时电子拣选货架区库存信息如表 1－1－3 所示

表 1－1－3　　电子拣选货架区库存信息（截至 2020 年 7 月 31 日 17 时）

储位编码	货品条码	货品名称	数量	补货点	单位
C000000	20180S00001	德芙丝滑牛奶巧克力	24	4	盒
C000001	20180S00002	德芙牛奶巧克力礼盒	24	3	盒
C000002	20180S00003	德芙牛奶巧克力	14	5	盒
C000003	20180Y00004	大白兔奶糖	24	6	瓶
C000004	20180Y00005	康师傅茉莉蜜茶	14	6	瓶
C000005	20180S00011	姚生记原香味小山核桃仁	12	4	袋
C000006	20180S00012	旺旺大米饼	10	3	袋
C000007	20180S00013	阿里山山核桃味葵瓜子	12	3	袋
C000008	20180S00004	旺旺雪饼	10	5	袋
C000100	20180Y00006	统一冰绿茶	14	6	瓶
C000101	20180Y00007	百事可乐	24	6	瓶
C000102	20180Y00008	可口可乐	24	6	瓶

续 表

储位编码	货品条码	货品名称	数量	补货点	单位
C000103	20180Y00009	波力海苔罐装	24	6	罐
C000104	20180S00005	上好佳鲜虾片	10	3	袋
C000105	20180S00006	熊孩子冻干无花果	10	3	袋
C000106	20180S00007	德芙巧克力礼盒	10	4	袋
C000107	20180S00008	绿箭无糖口香糖	10	3	袋
C000108	20180S00009	统一 100 红烧牛肉面	10	3	袋

3. 托盘货架区出入库月报表信息（2019 年 8 月至 2020 年 7 月）

（1）截至 2019 年 8 月 31 日 17 时的出入库月报表如表 1－1－4 所示。

表 1－1－4　　出入库月报表（截至 2019 年 8 月 31 日 17 时）

序号	货品名称	出库量（箱）	入库量（箱）
1	德芙丝滑牛奶巧克力	100	80
2	德芙牛奶巧克力礼盒	90	80
3	德芙牛奶巧克力	120	100
4	绿箭无糖口香糖	50	60
5	百事可乐	120	104
6	波力海苔罐装	120	110
7	可口可乐	180	160
8	大白兔奶糖	100	90
9	康师傅茉莉蜜茶	220	180
10	统一冰绿茶	130	126

（2）截至 2019 年 9 月 30 日 17 时的出入库月报表如表 1－1－5 所示。

表 1－1－5　　出入库月报表（截至 2019 年 9 月 30 日 17 时）

序号	货品名称	出库量（箱）	入库量（箱）
1	德芙丝滑牛奶巧克力	100	94
2	德芙牛奶巧克力礼盒	100	90
3	德芙牛奶巧克力	120	115
4	绿箭无糖口香糖	30	18
5	百事可乐	200	180

续　表

序号	货品名称	出库量（箱）	入库量（箱）
6	波力海苔罐装	100	90
7	可口可乐	100	100
8	大白兔奶糖	100	70
9	康师傅茉莉蜜茶	180	180
10	统一冰绿茶	200	180

（3）截至 2019 年 10 月 31 日 17 时的出入库月报表如表 1 –1 –6 所示。

表 1 –1 –6　　出入库月报表（截至 2019 年 10 月 31 日 17 时）

序号	货品名称	出库量（箱）	入库量（箱）
1	德芙丝滑牛奶巧克力	100	110
2	德芙牛奶巧克力礼盒	150	160
3	德芙牛奶巧克力	150	160
4	绿箭无糖口香糖	30	20
5	百事可乐	100	122
6	波力海苔罐装	200	200
7	可口可乐	100	98
8	大白兔奶糖	100	99
9	康师傅茉莉蜜茶	220	230
10	统一冰绿茶	200	210

（4）截至 2019 年 11 月 30 日 17 时的出入库月报表如表 1 –1 –7 所示。

表 1 –1 –7　　出入库月报表（截至 2019 年 11 月 30 日 17 时）

序号	货品名称	出库量（箱）	入库量（箱）
1	德芙丝滑牛奶巧克力	80	88
2	德芙牛奶巧克力礼盒	50	70
3	德芙牛奶巧克力	130	150
4	绿箭无糖口香糖	30	40
5	百事可乐	200	190
6	波力海苔罐装	100	80
7	可口可乐	100	98
8	大白兔奶糖	180	190
9	康师傅茉莉蜜茶	220	218
10	统一冰绿茶	200	210

（5）截至2019年12月31日17时的出入库月报表如表1－1－8所示。

表1－1－8　　出入库月报表（截至2019年12月31日17时）

序号	货品名称	出库量（箱）	入库量（箱）
1	德芙丝滑牛奶巧克力	50	60
2	德芙牛奶巧克力礼盒	50	50
3	德芙牛奶巧克力	80	70
4	绿箭无糖口香糖	20	10
5	百事可乐	50	60
6	波力海苔罐装	60	50
7	可口可乐	80	80
8	大白兔奶糖	100	120
9	康师傅茉莉蜜茶	80	90
10	统一冰绿茶	50	40

（6）截至2020年1月31日17时的出入库月报表如表1－1－9所示。

表1－1－9　　出入库月报表（截至2020年1月31日17时）

序号	货品名称	出库量（箱）	入库量（箱）
1	德芙丝滑牛奶巧克力	50	50
2	德芙牛奶巧克力礼盒	30	20
3	德芙牛奶巧克力	20	30
4	绿箭无糖口香糖	10	12
5	百事可乐	30	10
6	波力海苔罐装	20	30
7	可口可乐	20	10
8	大白兔奶糖	50	50
9	康师傅茉莉蜜茶	60	60
10	统一冰绿茶	50	61

（7）截至2020年2月29日17时的出入库月报表如表1－1－10所示。

表1－1－10　　出入库月报表（截至2020年2月29日17时）

序号	货品名称	出库量（箱）	入库量（箱）
1	德芙丝滑牛奶巧克力	100	110
2	德芙牛奶巧克力礼盒	160	150

续　表

序号	货品名称	出库量（箱）	入库量（箱）
3	德芙牛奶巧克力	150	140
4	绿箭无糖口香糖	30	30
5	百事可乐	150	180
6	波力海苔罐装	180	200
7	可口可乐	200	190
8	大白兔奶糖	200	180
9	康师傅茉莉蜜茶	220	220
10	统一冰绿茶	200	200

（8）截至 2020 年 3 月 31 日 17 时的出入库月报表如表 1－1－11 所示。

表 1－1－11　　出入库月报表（截至 2020 年 3 月 31 日 17 时）

序号	货品名称	出库量（箱）	入库量（箱）
1	德芙丝滑牛奶巧克力	90	99
2	德芙牛奶巧克力礼盒	50	50
3	德芙牛奶巧克力	50	60
4	绿箭无糖口香糖	10	10
5	百事可乐	130	123
6	波力海苔罐装	220	230
7	可口可乐	150	170
8	大白兔奶糖	200	220
9	康师傅茉莉蜜茶	220	210
10	统一冰绿茶	200	180

（9）截至 2020 年 4 月 30 日 17 时的出入库月报表如表 1－1－12 所示。

表 1－1－12　　出入库月报表（截至 2020 年 4 月 30 日 17 时）

序号	货品名称	出库量（箱）	入库量（箱）
1	德芙丝滑牛奶巧克力	160	120
2	德芙牛奶巧克力礼盒	100	120
3	德芙牛奶巧克力	155	140
4	绿箭无糖口香糖	10	20
5	百事可乐	150	130
6	波力海苔罐装	200	180

续 表

序号	货品名称	出库量（箱）	入库量（箱）
7	可口可乐	200	188
8	大白兔奶糖	200	180
9	康师傅茉莉蜜茶	200	200
10	统一冰绿茶	200	180

（10）截至2020年5月31日17时的出入库月报表如表1－1－13所示。

表1－1－13　出入库月报表（截至2020年5月31日17时）

序号	货品名称	出库量（箱）	入库量（箱）
1	德芙丝滑牛奶巧克力	80	79
2	德芙牛奶巧克力礼盒	100	100
3	德芙牛奶巧克力	130	150
4	绿箭无糖口香糖	30	23
5	百事可乐	160	152
6	波力海苔罐装	200	190
7	可口可乐	150	170
8	大白兔奶糖	150	165
9	康师傅茉莉蜜茶	220	240
10	统一冰绿茶	120	150

（11）截至2020年6月30日17时出入库月报表如表1－1－14所示。

表1－1－14　出入库月报表（截至2020年6月30日17时）

序号	货品名称	出库量（箱）	入库量（箱）
1	德芙丝滑牛奶巧克力	90	80
2	德芙牛奶巧克力礼盒	80	90
3	德芙牛奶巧克力	50	20
4	绿箭无糖口香糖	20	10
5	百事可乐	180	200
6	波力海苔罐装	165	180
7	可口可乐	170	180
8	大白兔奶糖	120	110
9	康师傅茉莉蜜茶	120	110
10	统一冰绿茶	130	130

（12）截至2020年7月31日17时的出入库月报表如表1－1－15所示。

表1－1－15　　出入库月报表（截至2020年7月31日17时）

序号	货品名称	出库量（箱）	入库量（箱）
1	德芙丝滑牛奶巧克力	20	30
2	德芙牛奶巧克力礼盒	20	20
3	德芙牛奶巧克力	28	0
4	绿箭无糖口香糖	10	15
5	百事可乐	80	60
6	波力海苔罐装	20	20
7	可口可乐	60	40
8	大白兔奶糖	30	26
9	康师傅茉莉蜜茶	80	60
10	统一冰绿茶	60	55

任务要求

2020年8月1日，仓库主管要求仓管员，借助Excel软件进行数据加工和处理，根据仓库托盘货架区库存及各月度出入库信息，对库存信息进行统计，正确有效地提供仓储经济活动统计指标与决策依据。

（1）请编制2019年7月31日17时托盘货架区库存信息表（示例见表1－1－16），库存信息按货品条码排序。

表1－1－16　　2019年7月31日17时托盘货架区库存信息表示例

储位编码	货品条码	货品名称	货品单位	货品数量

（2）请根据托盘货架区初始库存及月度出入库月报表，编制2019年8月至2020年7月托盘货架区出入库报表（示例见表1－1－17），其中初始库存结余量是指时间节点为2019年7月31日17时托盘货架区的库存量。

表1－1－17　　2019年8月至2020年7月托盘货架区出入库报表示例

货品名称	入库量（箱）	出库量（箱）	库存结余量（箱）

注：①库存结余量是指2020年7月31日17时托盘货架区的库存量；②行数不够请自行增加。

（3）根据各出入库月报表，在图 1－1－2 中标注出 2020 年 7 月 31 日 17 时托盘货架区货架图上每一种货品的库存结余量。

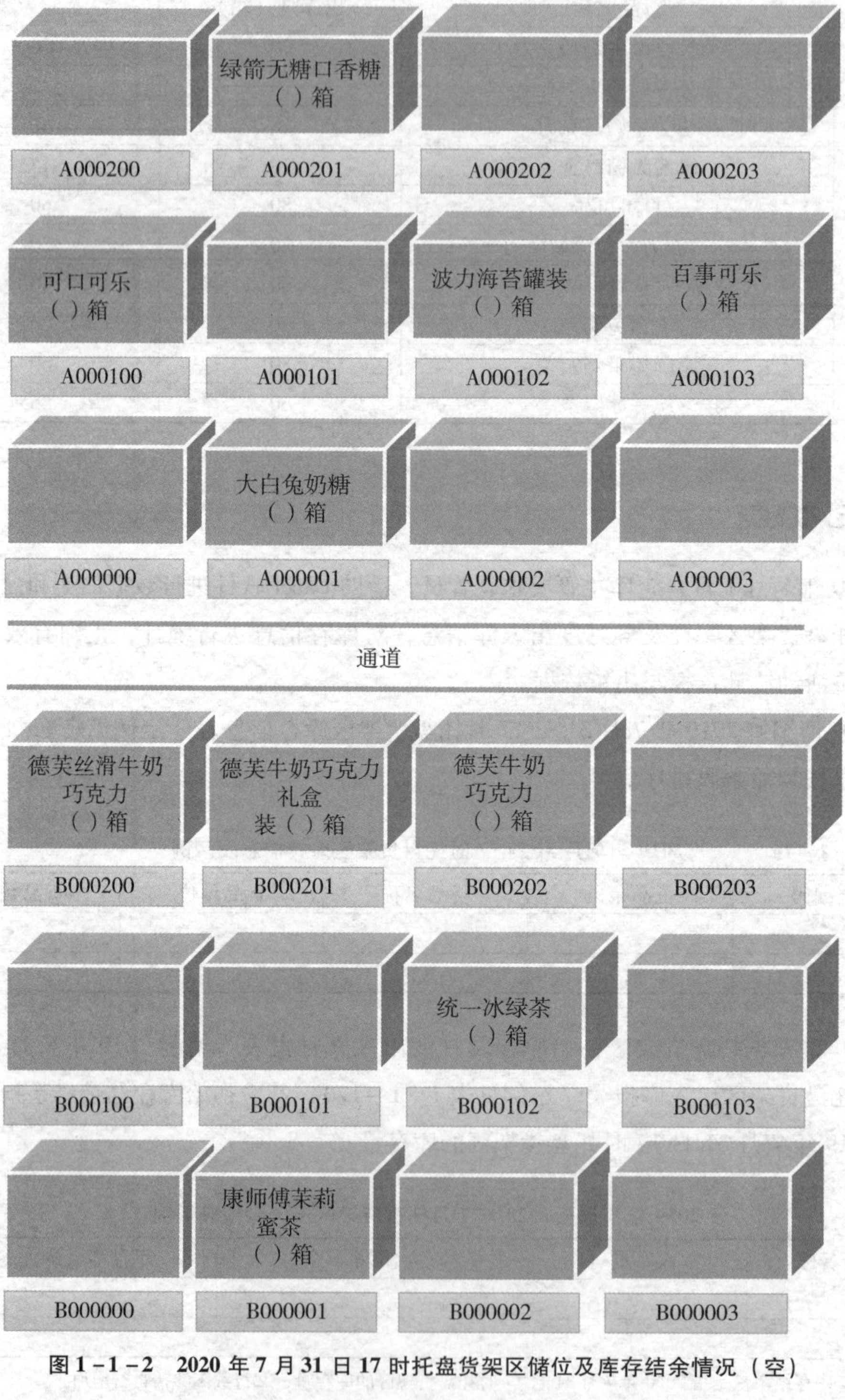

图 1－1－2　2020 年 7 月 31 日 17 时托盘货架区储位及库存结余情况（空）

任务实施

步骤1：编制托盘货架区库存信息表

1. 新建工作表

新建用于汇总2019年7月31日17时托盘货架区库存信息的工作表（见图1-1-3），并编入各列名称。

	A	B	C	D	E
1	储位编码	货品条码	货品名称	货品单位	货品数量
2					
3					
4					

图1-1-3　新建2019年7月31日17时托盘货架区库存信息表

2. 在工作表中，引入对应内容的数据及信息

储位编码、货品名称、货品单位、货品数量可以从图1-1-1中得到；货品条码可以从表1-1-3中得到。将以上信息引入工作表，得到图1-1-4所示表格。

	A	B	C	D	E
1	储位编码	货品条码	货品名称	货品单位	货品数量
2	B000200	20180S00001	德芙丝滑牛奶巧克力	箱	30
3	B000201	20180S00002	德芙牛奶巧克力礼盒	箱	30
4	B000202	20180S00003	德芙牛奶巧克力	箱	50
5	A000201	20180S00008	绿箭无糖口香糖	箱	20
6	A000103	20180Y00007	百事可乐	箱	50
7	A000102	20180Y00009	波力海苔罐装	箱	50
8	A000100	20180Y00008	可口可乐	箱	50
9	A000001	20180Y00004	大白兔奶糖	箱	50
10	B000001	20180Y00005	康师傅茉莉蜜茶	箱	50
11	B000102	20180Y00006	统一冰绿茶	箱	50

图1-1-4　引入对应内容的数据及信息

3. 将库存信息按货品条码进行排序

选中“货品条码”，点击【排序和筛选】中的【升序】或【降序】，默认排序提醒的设置，点击【排序】按钮，库存信息即按货品条码排序（见图1-1-5）。

排序时需要注意，在弹出排序提醒时，选择【扩展选定区域】，再点击排序，如图1-1-6所示。

至此，2019年7月31日17时托盘货架区库存信息表编制完成（见图1-1-7）。

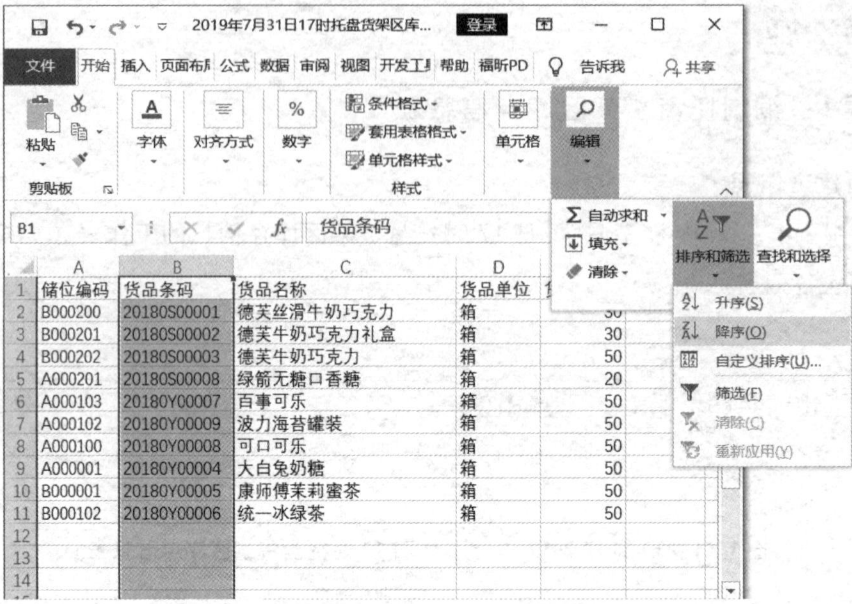

图 1-1-5　将库存信息按货品条码进行排序

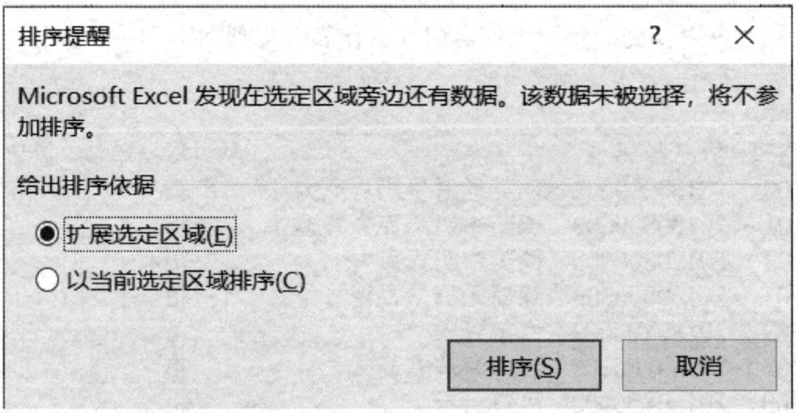

图 1-1-6　排序依据设置

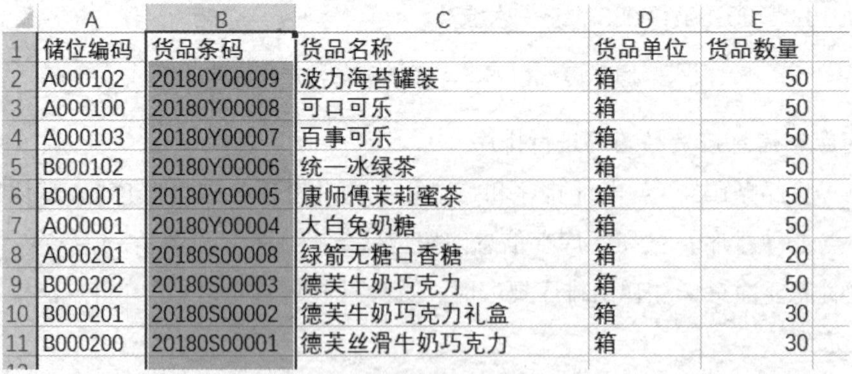

储位编码	货品条码	货品名称	货品单位	货品数量
A000102	20180Y00009	波力海苔罐装	箱	50
A000100	20180Y00008	可口可乐	箱	50
A000103	20180Y00007	百事可乐	箱	50
B000102	20180Y00006	统一冰绿茶	箱	50
B000001	20180Y00005	康师傅茉莉蜜茶	箱	50
A000001	20180Y00004	大白兔奶糖	箱	50
A000201	20180S00008	绿箭无糖口香糖	箱	20
B000202	20180S00003	德芙牛奶巧克力	箱	50
B000201	20180S00002	德芙牛奶巧克力礼盒	箱	30
B000200	20180S00001	德芙丝滑牛奶巧克力	箱	30

图 1-1-7　编制完成的 2019 年 7 月 31 日 17 时托盘货架区库存信息表

知识链接

Excel 运用技巧 1：排序

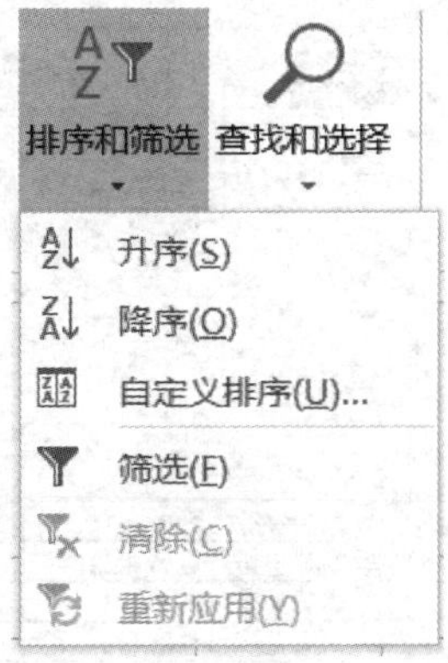

对于数值型数据而言，升序排列是把数据从小到大进行排列，而降序排列是把数据从大到小进行排列；对于字母型数据而言，升序排列是按照字母顺序从 A 到 Z 进行排列，而降序排列则是按照字母顺序从 Z 到 A 进行排列；对于时间型数据而言，升序排列是从最远的时间开始排列，而降序排列则是从最新的时间开始排列。对于数值、字母混合型数据，优先对数值部分进行排序。

步骤 2：编制托盘货架区出入库报表

1. 新建工作表

新建用于汇总 2019 年 8 月至 2020 年 7 月的托盘货架区出入库信息的工作表，并命名为“出入库报表”（见图 1－1－8），并编入各列名称。

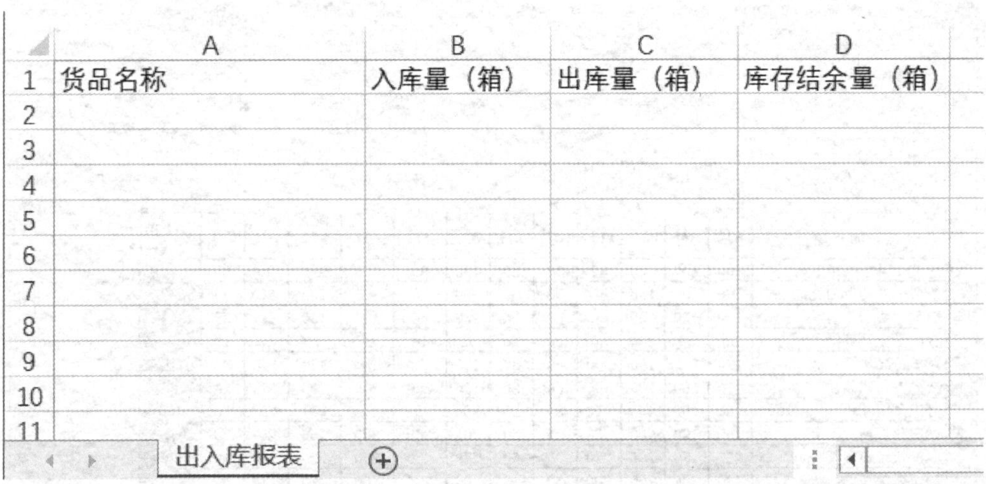

图 1－1－8　新建 2019 年 8 月至 2020 年 7 月托盘货架区出入库报表

2. 点击“⊕”按钮新建“出入库量汇总”工作表，用来辅助计算各月出入库数量汇总

首先，从出入库月报表信息（2019 年 8 月至 2020 年 7 月，见表 1－1－4 至表 1－1－

15）中依次提取各月出库量；然后，添加“出库量汇总”列，选取对应货品的汇总单元格，点击【求和】按钮，即得出2019年8月至2020年7月托盘货架区出库总量（见图1－1－9）。

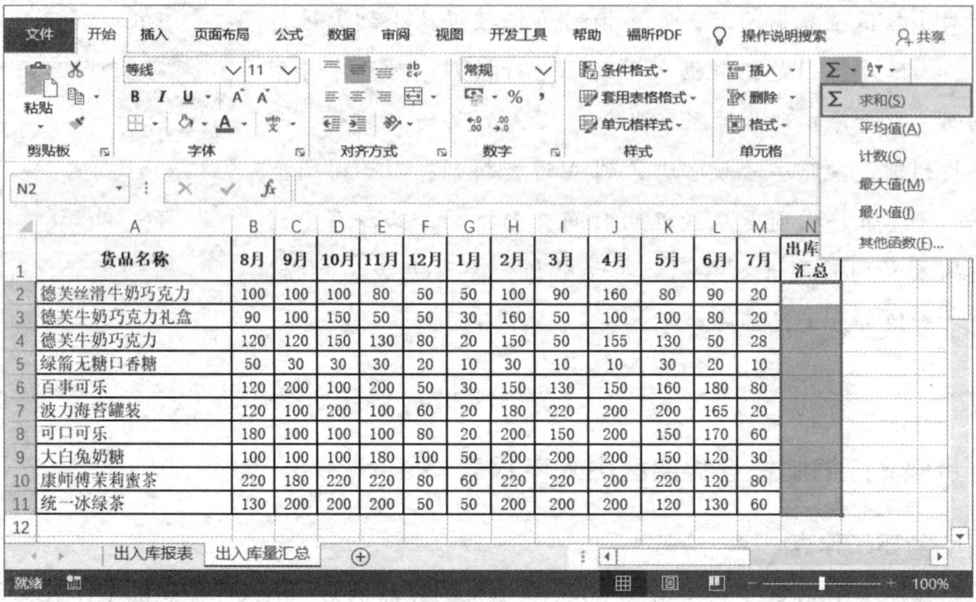

货品名称	8月	9月	10月	11月	12月	1月	2月	3月	4月	5月	6月	7月	出库汇总
德芙丝滑牛奶巧克力	100	100	100	80	50	50	100	90	160	80	90	20	
德芙牛奶巧克力礼盒	90	100	150	50	50	30	160	50	100	100	80	20	
德芙牛奶巧克力	120	120	150	130	80	20	150	50	155	130	50	28	
绿箭无糖口香糖	50	30	30	30	20	10	30	10	10	30	20	10	
百事可乐	120	200	100	200	50	30	150	130	150	160	180	80	
波力海苔罐装	120	100	200	100	60	20	180	220	200	200	165	20	
可口可乐	180	100	100	100	80	20	200	150	200	150	170	60	
大白兔奶糖	100	100	100	180	100	50	200	200	200	150	120	30	
康师傅茉莉蜜茶	220	180	220	220	80	60	220	220	200	220	120	80	
统一冰绿茶	130	200	200	200	50	50	200	200	200	120	130	60	

（a）选取汇总单元格点击【求和】

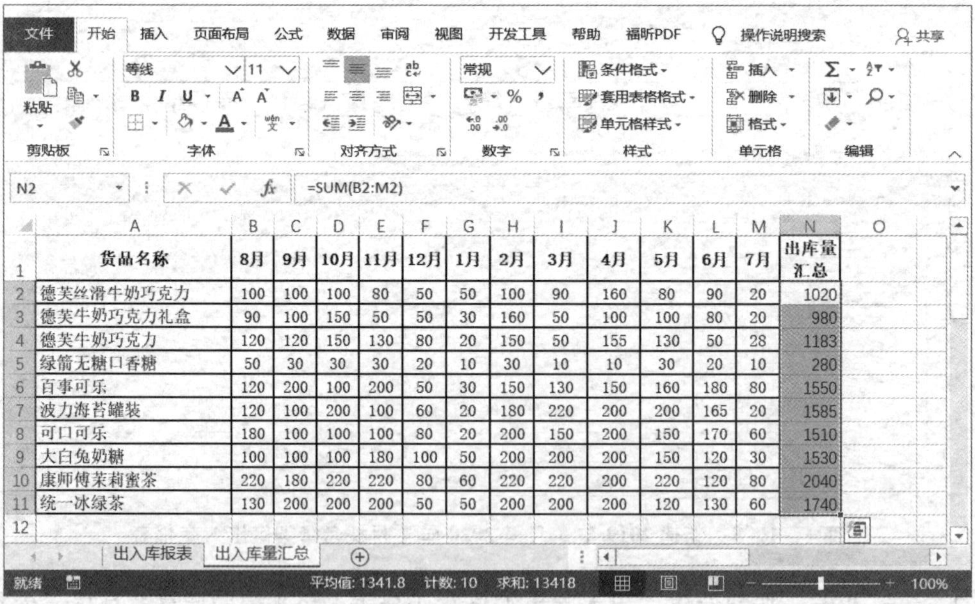

=SUM(B2:M2)

货品名称	8月	9月	10月	11月	12月	1月	2月	3月	4月	5月	6月	7月	出库量汇总
德芙丝滑牛奶巧克力	100	100	100	80	50	50	100	90	160	80	90	20	1020
德芙牛奶巧克力礼盒	90	100	150	50	50	30	160	50	100	100	80	20	980
德芙牛奶巧克力	120	120	150	130	80	20	150	50	155	130	50	28	1183
绿箭无糖口香糖	50	30	30	30	20	10	30	10	10	30	20	10	280
百事可乐	120	200	100	200	50	30	150	130	150	160	180	80	1550
波力海苔罐装	120	100	200	100	60	20	180	220	200	200	165	20	1585
可口可乐	180	100	100	100	80	20	200	150	200	150	170	60	1510
大白兔奶糖	100	100	100	180	100	50	200	200	200	150	120	30	1530
康师傅茉莉蜜茶	220	180	220	220	80	60	220	220	200	220	120	80	2040
统一冰绿茶	130	200	200	200	50	50	200	200	200	120	130	60	1740

平均值: 1341.8　计数: 10　求和: 13418

（b）完成计算

图1－1－9　2019年8月至2020年7月托盘货架区出库总量计算

同理，通过提取各月的入库量→添加“入库量汇总”列→求和对应单元格的操作步骤，得出2019年8月至2020年7月托盘货架区入库总量（见图1－1－10）。

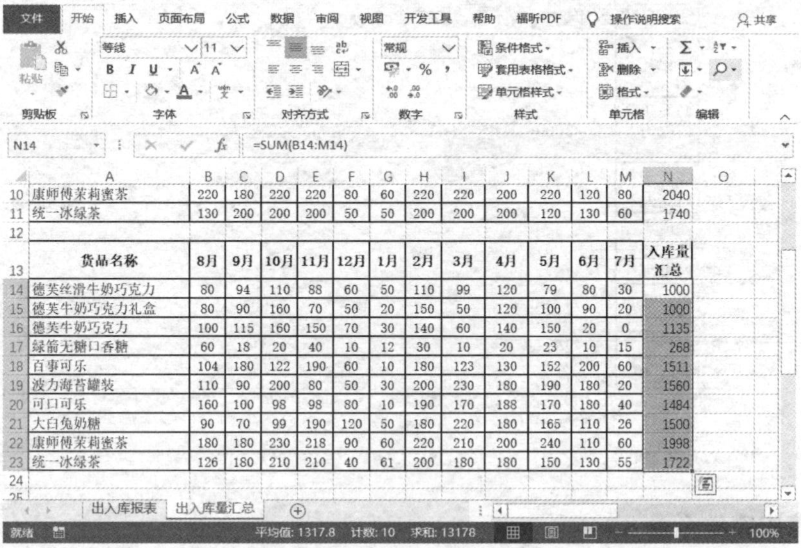

	A	B	C	D	E	F	G	H	I	J	K	L	M	N
10	康师傅茉莉蜜茶	220	180	220	220	80	60	220	220	200	220	120	80	2040
11	统一冰绿茶	130	200	200	200	50	50	200	200	200	120	130	60	1740
12														
13	货品名称	8月	9月	10月	11月	12月	1月	2月	3月	4月	5月	6月	7月	入库量汇总
14	德芙丝滑牛奶巧克力	80	94	110	88	60	50	110	99	120	79	80	30	1000
15	德芙牛奶巧克力礼盒	80	90	160	70	50	20	150	50	120	100	90	20	1000
16	德芙牛奶巧克力	100	115	160	150	70	30	140	60	140	150	20	0	1135
17	绿箭无糖口香糖	60	18	20	40	10	12	30	10	20	23	10	15	268
18	百事可乐	104	180	122	190	60	10	180	123	130	152	200	60	1511
19	波力海苔罐装	110	90	200	80	50	30	200	230	180	190	180	20	1560
20	可口可乐	160	100	98	98	80	10	190	170	188	170	180	40	1484
21	大白兔奶糖	90	70	99	190	120	50	180	220	180	165	110	26	1500
22	康师傅茉莉蜜茶	180	180	230	218	90	60	220	210	200	240	110	60	1998
23	统一冰绿茶	126	180	210	210	40	61	200	180	180	150	130	55	1722

图1－1－10　2019年8月至2020年7月托盘货架区入库总量计算

最后，将出、入库量汇总列的数据，粘贴至出入库报表中的“出库量”“入库量”列（见图1－1－11）。

	A	B	C	D
1	货品名称	入库量（箱）	出库量（箱）	库存结余量（箱）
2	德芙丝滑牛奶巧克力	1000	1020	
3	德芙牛奶巧克力礼盒	1000	980	
4	德芙牛奶巧克力	1135	1183	
5	绿箭无糖口香糖	268	280	
6	百事可乐	1511	1550	
7	波力海苔罐装	1560	1585	
8	可口可乐	1484	1510	
9	大白兔奶糖	1500	1530	
10	康师傅茉莉蜜茶	1998	2040	
11	统一冰绿茶	1722	1740	

图1－1－11　出入库量汇总

知识链接

Excel运用技巧2：粘贴选项

如果引用的单元格存在公式，直接使用快捷键“Ctrl + v”进行粘贴，被引用的单元格就会出现“#REF!”，即“无效的单元格引用”的错误提示。

因此，当引用有公式的单元格，粘贴时应在粘贴选项中选择“值”按钮，这样粘贴过来的内容只是数值。

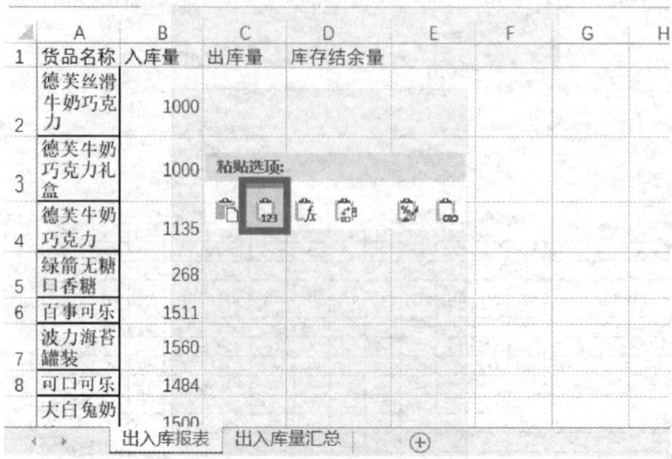

---

3. **计算库存结余量**

库存结余量计算公式如下：

2020 年 7 月库存结余量 = 2019 年 7 月 31 日托盘货架区库存量 + 2019 年 8 月至 2020 年 7 月托盘货架区入库量 − 2019 年 8 月至 2020 年 7 月托盘货架区出库量

为方便计算，先将 2019 年 7 月 31 日 17 时的托盘货架区库存量信息引入出入库报表（见图 1 − 1 − 12）。

	A	B	C	D	E
1	货品名称	入库量（箱）	出库量（箱）	库存结余量（箱）	库存量（箱）
2	德芙丝滑牛奶巧克力	1000	1020		30
3	德芙牛奶巧克力礼盒	1000	980		30
4	德芙牛奶巧克力	1135	1183		50
5	绿箭无糖口香糖	268	280		20
6	百事可乐	1511	1550		50
7	波力海苔罐装	1560	1585		50
8	可口可乐	1484	1510		50
9	大白兔奶糖	1500	1530		50
10	康师傅茉莉蜜茶	1998	2040		50
11	统一冰绿茶	1722	1740		50
12					

图 1 − 1 − 12　引入 2019 年 7 月 31 日 17 时的托盘货架区库存量信息

然后计算第一个货品“德芙丝滑牛奶巧克力”的库存结余量（见图 1 − 1 − 13）：

库存结余量 = E2 + B2 − C2 = 30 + 1000 − 1020 = 10

即该货品截至2020年7月31日17时的库存结余量为10箱。

SUM　=E2+B2-C2

	A	B	C	D	E
1	货品名称	入库量（箱）	出库量（箱）	库存结余量（箱）	库存量（箱）
2	德芙丝滑牛奶巧克力	1000	1020	=E2+B2-C2	30
3	德芙牛奶巧克力礼盒	1000	980		30
4	德芙牛奶巧克力	1135	1183		50
5	绿箭无糖口香糖	268	280		20
6	百事可乐	1511	1550		50
7	波力海苔罐装	1560	1585		50
8	可口可乐	1484	1510		50
9	大白兔奶糖	1500	1530		50
10	康师傅茉莉蜜茶	1998	2040		50
11	统一冰绿茶	1722	1740		50

图1－1－13　计算“德芙丝滑牛奶巧克力”的库存结余量

选定D2单元格，在右下角光标呈“＋”字后，下拉填充柄填充得到其他货品的库存结余量（见图1－1－14）。

D2　=E2+B2-C2

	A	B	C	D	E
1	货品名称	入库量（箱）	出库量（箱）	库存结余量（箱）	库存量（箱）
2	德芙丝滑牛奶巧克力	1000	1020	10	30
3	德芙牛奶巧克力礼盒	1000	980	50	30
4	德芙牛奶巧克力	1135	1183	2	50
5	绿箭无糖口香糖	268	280	8	20
6	百事可乐	1511	1550	11	50
7	波力海苔罐装	1560	1585	25	50
8	可口可乐	1484	1510	24	50
9	大白兔奶糖	1500	1530	20	50
10	康师傅茉莉蜜茶	1998	2040	8	50
11	统一冰绿茶	1722	1740	32	50
12					

图1－1－14　下拉填充得到全部货品的库存结余量

最后，删除“库存量（箱）”列即得到出入库报表。这里需要注意的是，由于计算库存结余量时引用了库存量的数据，因此直接删除“库存量（箱）”会导致库存结余量数据变化，因此这里要先将“库存结余量（箱）”列的数据进行复制→粘贴“值”的操作后，再将“库存量（箱）”列删除（见图1－1－15）。

	A	B	C	D	E
1	货品名称	入库量（箱）	出库量（箱）	库存结余量（箱）	
2	德芙丝滑牛奶巧克力	1000	1020	10	
3	德芙牛奶巧克力礼盒	1000	980	50	
4	德芙牛奶巧克力	1135	1183	2	
5	绿箭无糖口香糖	268	280	8	
6	百事可乐	1511	1550	11	
7	波力海苔罐装	1560	1585	25	
8	可口可乐	1484	1510	24	
9	大白兔奶糖	1500	1530	20	
10	康师傅茉莉蜜茶	1998	2040	8	
11	统一冰绿茶	1722	1740	32	
12					

图1－1－15　删除“库存量（箱）”列

步骤3：标注托盘货架区库存结余量

将步骤2中得出的库存结余量，对应货品依次标入托盘货架区货架图中，如图1－1－16所示。

图1－1－16　2020年7月31日17时托盘货架区储位及库存结余情况

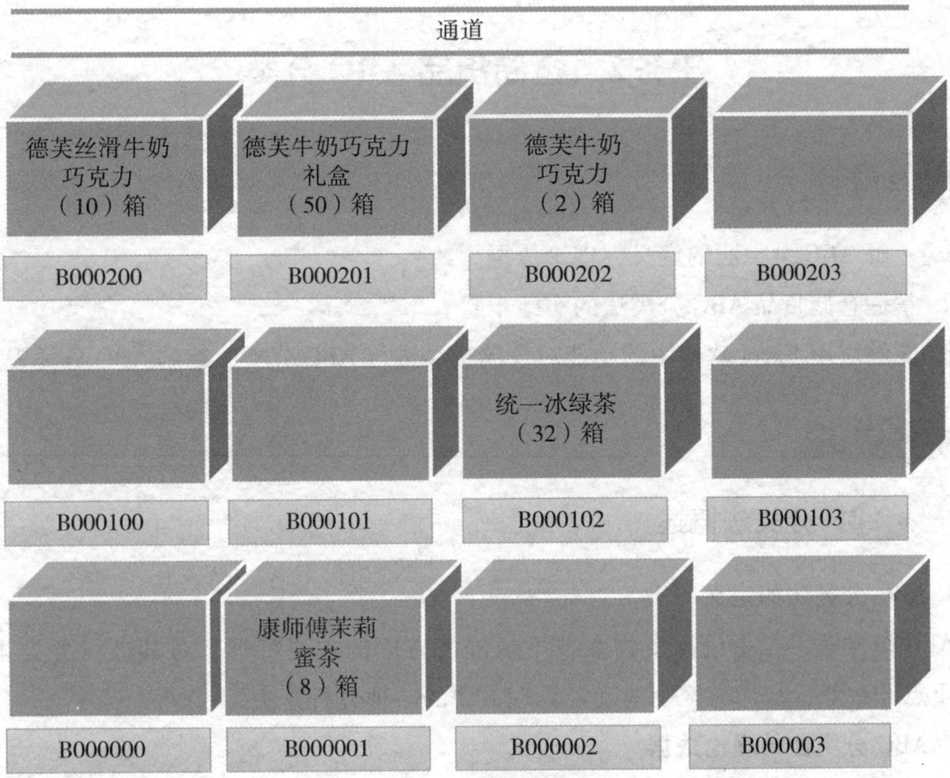

图 1-1-16　2020 年 7 月 31 日 17 时托盘货架区储位及库存结余情况（续）

任务评价

项目名称	评分标准	分值
编制托盘货架区库存信息表（30 分）	新建工作表（每错一处扣 1 分）	5
	引用储位编码（每错一处扣 0.5 分）	5
	引用货品条码（每错一处扣 0.5 分）	5
	引用货品名称、单位、数量（每错一处扣 0.5 分）	5
	按货品条码列排序（错漏扣 5 分）	5
	排版库存信息表（每一不美观处扣 1 分）	5
编制托盘货架区出入库报表（50 分）	新建工作表（每错一处扣 1 分）	5
	引用各月出、入库量（每错一处扣 1 分）	5
	计算出库汇总量（每错一处扣 1 分）	5
	计算入库汇总量（每错一处扣 1 分）	5
	引用出库汇总量、入库汇总量（每错一处扣 1 分）	5
	计算库存结余量（每错一处扣 2 分）	20
	排版出入库报表（每一不美观处扣 1 分）	5
绘制托盘货架区储位分布图（20 分）	标注库存结余量（每错一处扣 2 分）	20

任务2　仓储货品 ABC 分类

任务目标

1. 了解 ABC 分类法的定义、理论依据。
2. 掌握仓储货品 ABC 分类法的实施步骤。
3. 能够应用 Excel 软件中的功能对仓储货品进行 ABC 分类，编制 ABC 分类表。

任务资讯

一、ABC 分类法概述

1. ABC 分类法的定义

ABC 分类法，是指根据事物在技术或经济方面的主要特征，对其进行分类排队，分清重点和一般，从而有区别地确定管理方式的一种分析方法。

2. ABC 分类法的理论依据

ABC 分类法是由帕累托 80/20 法则衍生出来的一种法则。帕累托 80/20 法则强调的是抓住关键，ABC 分类法强调的是分清主次，并将管理对象划分为 A、B、C 三类。在库存管理中，这一法则的运用可以使工作效率和效益大大提高。

二、仓储货品的 ABC 分类法

配送中心的 ABC 分类法是将所有的库存货品按照其在一定时间内的总出库量大小和品种的不同，依出库量大小进行顺序排列；根据各个货品的累计出库量和货品数量统计制作 ABC 分类表。

三、仓储货品的 ABC 分类的实施步骤

以出库量分析为基础，ABC 分类的实施步骤如下（见图 1－2－1）。

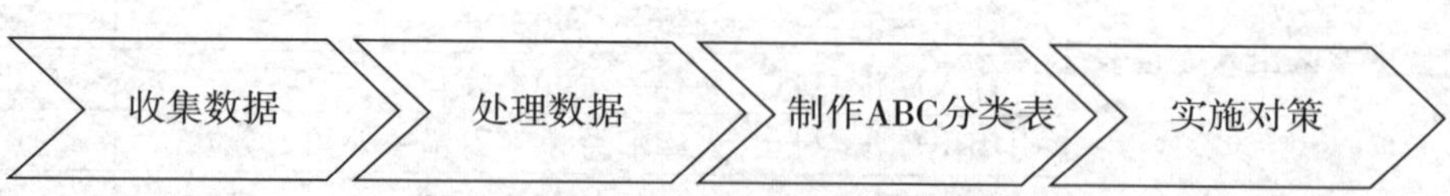

图 1－2－1　ABC 分类的实施步骤

（1）收集数据。收集一定时间段内配送中心各种货品的名称、品种、总出库量等数据。

（2）处理数据。将收集来的数据资料进行汇总、整理，计算出所需的数据。将历史出库量数据汇总排序，并求出各个货品的总出库量及所占比重。

（3）制作 ABC 分类表。分类表主要由货品名称、出库量、所占比重、累计比重、分类结果构成。

其中，出库量，即每一种货品的总计出库量；所占比重，即各种货品出库量所占百分比；累计比重，即各种货品出库量累计百分比；分类结果，即根据 ABC 分类法确定的分类结果。

制表步骤如下。

①填入货品名称、出库量的数据。

②将出库量数据从大到小（降序）进行排序。

③计算每种货品出库量所占比重，即每种货品的出库量占所有货品出库量的百分比。计算公式如下：

$$\text{每种货品出库量所占比重}=\frac{\text{每种货品的出库量}}{\text{总计出库量}}\times 100\%$$

④计算各货品出库量累计比重，即每种货品的出库量的累计百分比。

⑤将货品归为 A、B、C 三类。

（4）实施对策。根据 ABC 分类结果，权衡管理力量和经济效果，制定 ABC 分类管理标准，对三类货品进行有区别的管理。其中，对 A 类货品需进行重点管理；对 B 类货品应进行一般程度的控制；对 C 类货品可适当简化其库存管理程序。

任务描述

库存量的确定是一个长期困扰 ×× 物流公司的问题，库存量太大则占用过多流动资金并且有库存积压的风险，而库存量太小则无法满足市场的正常需求，降低了客户满意度。因此，×× 物流公司会定期进行库存策略的分析与调整。

2020 年 8 月 1 日，为了有针对性地管理货品，提高仓储管理的效率和效果，×× 物流公司利用 ABC 分类法对过去一年的仓库货品库存量进行 ABC 分析。

任务要求

仓库主管要求仓管员，借助 Excel 软件进行数据加工和处理，根据过去一年中各出入库月报表中的出库量对货品进行 ABC 分类，编制 ABC 分类表（示例见下页表）。

根据公司库存管理要求，把出库量累计比重处于 0 ~ 60%（含 60%）的货品划为 A 类，累计比重处于 60% ~ 90%（含 90%）的货品划为 B 类，累计比重处于 90% ~

100%的货品划为C类。

仓库货品库存量ABC分类表示例

货品名称	出库量（箱）	所占比重	累计比重	分类结果

注：①数据保留小数点后两位；②行数不够请自行增加。

任务实施

步骤1：数据提取、排序

（1）在任务1的出入库报表分析中，已知过去一年中托盘货架区的出库量数据。因此，我们可以直接从2019年8月至2020年7月托盘货架区出入库报表（见图1-1-15）中，将货品名称和出库量数据复制、粘贴至新建的Excel表格（见图1-2-2）。

	A	B	C
1	货品名称	出库量（箱）	
2	德芙丝滑牛奶巧克力	1020	
3	德芙牛奶巧克力礼盒	980	
4	德芙牛奶巧克力	1183	
5	绿箭无糖口香糖	280	
6	百事可乐	1550	
7	波力海苔罐装	1585	
8	可口可乐	1510	
9	大白兔奶糖	1530	
10	康师傅茉莉蜜茶	2040	
11	统一冰绿茶	1740	
12			

图1-2-2　复制、粘贴货品名称和出库量数据

（2）将各个货品的出库量由大到小（降序）进行排序（见图1-2-3）。

	A	B	C
1	货品名称	出库量（箱）	
2	康师傅茉莉蜜茶	2040	
3	统一冰绿茶	1740	
4	波力海苔罐装	1585	
5	百事可乐	1550	
6	大白兔奶糖	1530	
7	可口可乐	1510	
8	德芙牛奶巧克力	1183	
9	德芙丝滑牛奶巧克力	1020	
10	德芙牛奶巧克力礼盒	980	
11	绿箭无糖口香糖	280	
12			

图1-2-3　出库量由大到小（降序）排序

步骤2：计算出库量占比

（1）新增“所占比重”“累计比重”“分类结果”列（见图1－2－4）。

	A	B	C	D	E
1	货品名称	出库量（箱）	所占比重	累计比重	分类结果
2	康师傅茉莉蜜茶	2040			
3	统一冰绿茶	1740			
4	波力海苔罐装	1585			
5	百事可乐	1550			
6	大白兔奶糖	1530			
7	可口可乐	1510			
8	德芙牛奶巧克力	1183			
9	德芙丝滑牛奶巧克力	1020			
10	德芙牛奶巧克力礼盒	980			
11	绿箭无糖口香糖	280			

图1－2－4　新增表格序列

（2）计算出每种货品出库量所占比重。在C2输入函数公式“＝B2/SUM（＄B＄2：＄B＄11）”，按回车键获得C2单元格数值后，拖动或双击C2表格右下角“＋”，填充得出所有货品的出库量所占比重（见图1－2－5）。

C2　　=B2/SUM($B$2:$B$11)

	A	B	C	D	E
1	货物名称	出库量（箱）	所占比重	累计比重	分类结果
2	康师傅茉莉蜜茶	2040	15.20%		
3	统一冰绿茶	1740	12.97%		
4	波力海苔罐装	1585	11.81%		
5	百事可乐	1550	11.55%		
6	大白兔奶糖	1530	11.40%		
7	可口可乐	1510	11.25%		
8	德芙牛奶巧克力	1183	8.82%		
9	德芙丝滑牛奶巧克力	1020	7.60%		
10	德芙牛奶巧克力礼盒	980	7.30%		
11	绿箭无糖口香糖	280	2.09%		

图1－2－5　计算货品出库量所占比重

知识链接

Excel运用技巧1：相对引用与混合引用结合使用

每种货品出库量所占比重，即用各货品出库量除以出库总量，在C2单元格输入“＝B2/SUM（＄B＄2：＄B＄11）”，这里必须将单元格固定住，这样在公式下拉的时候才能得到正确的数值。

知识链接

Excel 运用技巧 2：百分比样式设置

选中数据列，点击功能区【数字】中的“%”或使用快捷键“Ctrl + Shif + %”，单元格中数值便会以百分数形式显示。

知识链接

Excel 运用技巧 3：小数点位数设置

选中数据列，点击功能区【数字】中的“←.0 .00”，增加小数位数，以获得较高精度的值。

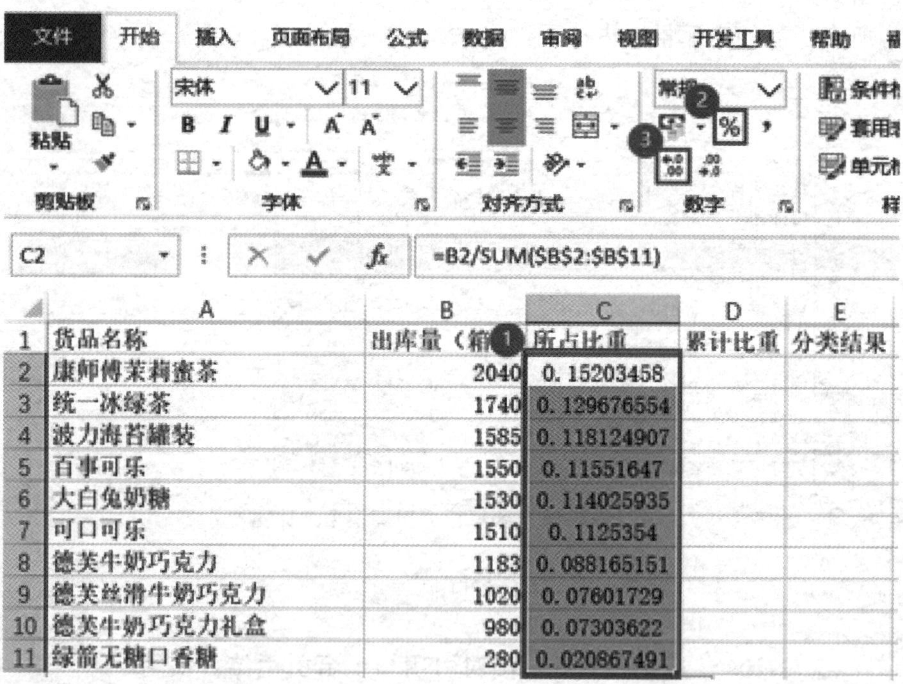

（3）对所占比重进行累加求和，计算出每种货品的出库量累计比重。在 D2 输入“= C2”按回车键，在 D3 输入“= D2 + C3”按回车键，拖动或双击 D3 表格右下角“+”，得出其他货品的累计比重（见图 1 - 2 - 6）。

D3　=D2+C3

	A	B	C	D	E	F
1	货品名称	出库量（箱）	所占比重	累计比重	分类结果	
2	康师傅茉莉蜜茶	2040	15.20%	15.20%		
3	统一冰绿茶	1740	12.97%	28.17%		
4	波力海苔罐装	1585	11.81%	39.98%		
5	百事可乐	1550	11.55%	51.54%		
6	大白兔奶糖	1530	11.40%	62.94%		
7	可口可乐	1510	11.25%	74.19%		
8	德芙牛奶巧克力	1183	8.82%	83.01%		
9	德芙丝滑牛奶巧克力	1020	7.60%	90.61%		
10	德芙牛奶巧克力礼盒	980	7.30%	97.91%		
11	绿箭无糖口香糖	280	2.09%	100.00%		

图 1－2－6　计算货品出库量累计比重

步骤 3：得出 ABC 分类结果

在 E2 输入函数“＝IF（D2＜＝0.6,"A"，IF（D2＜＝0.9,"B","C"））”，拖动或双击 E2 表格右下角“＋”，对货品进行 ABC 分类（见图 1－2－7）。

E2　=IF(D2<=0.6,"A",IF(D2<=0.9,"B","C"))

	A	B	C	D	E
1	货品名称	出库量（箱）	所占比重	累计比重	分类结果
2	康师傅茉莉蜜茶	2040	15.20%	15.20%	A
3	统一冰绿茶	1740	12.97%	28.17%	A
4	波力海苔罐装	1585	11.81%	39.98%	A
5	百事可乐	1550	11.55%	51.54%	A
6	大白兔奶糖	1530	11.40%	62.94%	B
7	可口可乐	1510	11.25%	74.19%	B
8	德芙牛奶巧克力	1183	8.82%	83.01%	B
9	德芙丝滑牛奶巧克力	1020	7.60%	90.61%	C
10	德芙牛奶巧克力礼盒	980	7.30%	97.91%	C
11	绿箭无糖口香糖	280	2.09%	100.00%	C

图 1－2－7　ABC 分类结果

任务评价

项目名称	评分标准	分值
数据提取、排序（20 分）	引用货品名称、出库量（每错一处扣 5 分）	10
	排序出库量（错漏扣 10 分）	10

续　表

<table>
<tr><th>项目名称</th><th>评分标准</th><th>分值</th></tr>
<tr><td rowspan="4">数据计算（60 分）</td><td>新建列标题（每错一处扣 5 分）</td><td>15</td></tr>
<tr><td>计算货品出库量所占比重（每错一处扣 2 分）</td><td>20</td></tr>
<tr><td>计算货品出库量累计比重（每错一处扣 2 分）</td><td>20</td></tr>
<tr><td>设置数据格式（未设置扣 5 分）</td><td>5</td></tr>
<tr><td rowspan="3">得出 ABC 分类结果（20 分）</td><td>分析 A 分类（每错一处扣 2 分）</td><td>8</td></tr>
<tr><td>分析 B 分类（每错一处扣 2 分）</td><td>6</td></tr>
<tr><td>分析 C 分类（每错一处扣 2 分）</td><td>6</td></tr>
</table>

模块二　在库管理

任务3　移库计划

任务目标

1. 掌握移库的含义、目的、原因。

2. 掌握储位管理的内容。

3. 能够根据货品属性要求及储位分配规则，完成储位调整。

任务资讯

一、移库概述

1. 移库的含义

移库是为了规范仓储管理，确保库存数据的准确性和出库作业的安全性、提高作业效率，而对货品进行库位调整的作业过程。

2. 移库的目的

（1）优化储位：根据货品属性或指标，进行 ABC 分析，对货品进行储位移动，以优化库存结构。

（2）提高仓储效率：为了提高库内仓储效率，对不满一个托盘的货品进行拼盘作业，以提高储位的仓储效率。

二、移库的原因

（1）进行盘点作业时发现货品损坏或质量下降，通过移库以对货品进行分类管理。

（2）盘点时发现货品放错地方，需要重新调整。

（3）入库时，因托盘不足而产生拼盘，托盘充足后需进行移库。

（4）大部分货品出库后，剩余的部分暂时存放在某处，有新货品入库后要进行重新调整。

（5）原先质量有点问题的货品经过简单加工恢复正常，可以移到正常货品的仓库。

（6）原先因为库存紧张，将货品放在别的仓库，现在仓库有充足的储位，将货品移到原计划放入的仓库，以方便管理。

（7）目前的仓库储量小，而别的仓库仍有充足储位，移库可以方便管理，而且可以节约照明、恒温等资源。

三、储位管理

储位管理是指对仓库存放物资的储位进行的规划、分配、使用、调整等。进入仓库中储存的每一批货品在其理化性质、来源、去向、批号、保质期等各方面都有独特的特性。故需为这些货品确定一个合理的储位，既要满足保管的需要，又要便于仓库的作业和管理。仓库需要按照货品自身的理化性质和储存要求，根据分库、分区、分类的原则，将货品存放在固定区域与位置。此外还应进一步在相应区域内，根据货品材质和型号规格等属性，按一定顺序依次存放。

任务描述

为规范仓储管理、优化库存结构，确保库存数据的准确性和出库作业的安全性，提高作业效率，捷达物流公司以货品 ABC 分类结果为依据，对托盘货架区的货品实施储位调整。

托盘货架区储位情况（截至 2020 年 7 月 31 日 17 时）如图 1－1－16 所示。

任务要求

仓库主管要求叉车司机，根据任务 2ABC 分类表和储位分配规则，重新调整当前货架中储位不合理货品的储位。

储位分配规则为：依照托盘货架区库存信息，A 类货品放置于货架的底层，即第一层（A000000—A000003；B000000—B000003）；B 类货品放置于货架的中层，即第二层（A000100—A000103；B000100—B000103）；C 类货品放置于货架的上层，即第三层（A000200—A000203；B000200—B000203）。

任务实施

步骤 1：分析货品分类信息

通过分析托盘货架区储位图和 ABC 分类结果（见图 1－2－7）可知：

A 类货品包括康师傅茉莉蜜茶、统一冰绿茶、波力海苔罐装、百事可乐。

B 类货品包括大白兔奶糖、可口可乐、德芙牛奶巧克力。

C 类货品包括德芙丝滑牛奶巧克力、德芙牛奶巧克力礼盒、绿箭无糖口香糖。

步骤 2：分析储位调整信息

（1）根据“A 类货品放置于货架的底层（第一层）、B 类货品放置于货架的中层（第二层）、C 类货品放置于货架上层（第三层）”的储位分配规则，按如下方式调整储位。

A 类：

①统一冰绿茶应从货架的中层移至货架的底层。

②波力海苔罐装应从货架的中层移至货架的底层。

③百事可乐应从货架的中层移至货架的底层。

B 类：

①大白兔奶糖应从货架的底层移至货架的中层。

②德芙牛奶巧克力应从货架的上层移至货架的中层。

（2）根据“同一层放置顺序为出库量百分比大的货品优先存放在储位号小的位置”的储位分配规则，按如下方式调整储位。

A 类：

①康师傅茉莉蜜茶从 B000001 移至 B000000。

②统一冰绿茶从 B000102 移至 B000001。

③波力海苔罐装从 A000102 移至 A000000。

④百事可乐从 A000103 移至 A000001。

B 类：

①大白兔奶糖从 A000001 移至 A000100。

②可口可乐从 A000100 移至 A000101。

③德芙牛奶巧克力从 B000202 移至 B000100。

C 类：

绿箭无糖口香糖从 A000201 移至 A000200。

步骤 3：标注货品库存信息

根据结果调整货品位置，标注库存信息，如下图所示。

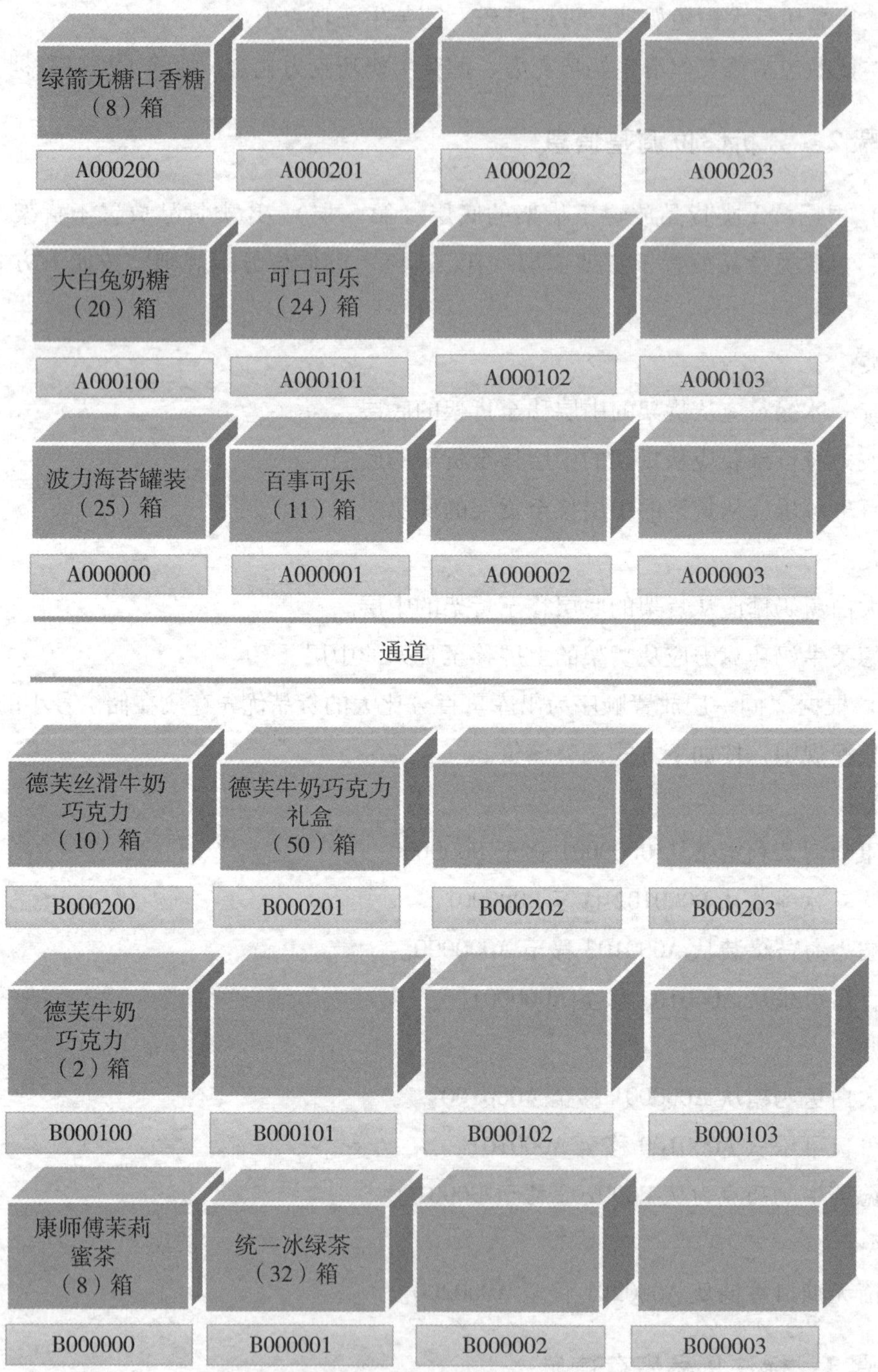

调整后的托盘货架区储位情况

任务评价

项目名称	评分标准	分值
分析货品分类信息（20分）	分析A类货品（每错一处扣2分）	8
	分析B类货品（每错一处扣2分）	6
	分析C类货品（每错一处扣2分）	6
分析储位调整信息（60分）	分析各层储位调整（每错一处扣5分）	25
	分析同层储位调整（每错一处扣5分）	35
标注货品库存信息（20分）	标注A区库存信息（每错一处扣2分）	10
	标注B区库存信息（每错一处扣2分）	10

任务4　补货计划

任务目标

1. 掌握补货的目的及方式。
2. 能够计算货品补货数量并编制补货作业任务计划，完成补货单制作。

任务资讯

一、补货概述

补货作业是为了保证拣货区有货可拣，是保证充足货源的基础。补货通常是指将货品从货品保管区移到拣货区的作业过程，一般以托盘或整件货为单位进行移库作业。补货时可以整件补到流动式货架上，供人工拣货；也可以拆开外包装以零货方式补到自动分拣机上，保证自动分拣机有货可拣。补货时，要注意货品的单位，如箱、袋、盒、瓶、个等。

二、补货的时机与方式

补货作业的发生与否主要看拣货区的货品存量是否符合需求，因此何时补货要看拣货区的存量，以避免出现在拣货时才发现拣货区货量不足，从而影响整个拣货作业的情况。通常，补货可采用批次补货、定时补货和随机补货三种方式。

1. 批次补货

在每天或每一批次拣取之前，从电脑获得所需货品的总拣取量和拣货区的货品量，计算出差额并在拣货作业开始前补足货品。这种补货原则比较适合于一天内作业量变化不大、紧急追加订货不多，或是每一批次拣取量需事先掌握的情况。

2. 定时补货

将每天划分为若干个时段，补货人员在固定时段内检查拣货区货架上的货品存量，如果发现不足，马上予以补足。这种“定时补足”的补货原则，较适合分批拣货时间固定且处理紧急订货的时间也固定的情况。

3. 随机补货

随机补货是一种指定专人从事补货的作业方式，这些人员随时巡视拣货区的分批存量，发现不足随时补货。此种“不定时补足”的补货原则，较适合于每批次拣取量不大、紧急追加订货较多，以致一天内作业量不易事先掌握的场合。

任务描述

2020 年 8 月 1 日，×× 物流公司仓库主管要求仓管员，根据出库通知单（见图 2－4－1）及电子拣选货架区库存信息（截至 2020 年 7 月 31 日 17 时）（见表 1－1－3），完成补货作业任务计划，保证电子拣选货架区有货可拣。

出库通知单

发货库房：×× 物流公司库房　　　　客户：×× 超市有限公司
收货单位：×× 超市（健康街店）　　出库日期：2020－08－01
客户指令号：20200801X101

货品条码	货品名称	单位	数量
20180S00011	姚生记原香味小山核桃仁	袋	9
20180S00012	旺旺大米饼	袋	2
20180S00013	阿里山山核桃味葵瓜子	袋	3
20180S00004	旺旺雪饼	袋	6

图 2－4－1　出库通知单

任务要求

仓管员借助 Excel 软件进行加工和处理，具体任务如下。

（1）提取信息，编制出库信息表。

（2）根据出库量和补货点，计算库存结余量。

（3）根据补货分析结果，填制补货单。

任务实施

步骤1：编制出库信息表

从电子拣选货架区库存信息和出库通知单中，将货品名称、单位、库存量、出库量及补货点数据复制、粘贴至表格（见图2－4－2）。

	A	B	C	D	E	F
1	序号	货品名称	单位	库存量	出库量	补货点
2	1	姚生记原香味小山核桃仁	袋	12	9	4
3	2	旺旺大米饼	袋	10	2	3
4	3	阿里山山核桃味葵瓜子	袋	12	3	3
5	4	旺旺雪饼	袋	10	6	5
6						

图2－4－2　编制出库信息表

步骤2：计算库存结余量

在这里，库存结余量等于库存量减去出库量。先计算第一个货品“姚生记原香味小山核桃仁”的库存结余量＝D2－E2＝3，即该货品截至2020年8月1日17时的库存结余量为3袋。然后选定G2单元格，在右下角光标呈“＋”字后，下拉填充柄，填充得到其他货品的库存结余量（见图2－4－3）。

	A	B	C	D	E	F	G
1	序号	货品名称	单位	库存量	出库量	补货点	库存结余量
2	1	姚生记原香味小山核桃仁	袋	12	9	4	3
3	2	旺旺大米饼	袋	10	2	3	8
4	3	阿里山山核桃味葵瓜子	袋	12	3	3	9
5	4	旺旺雪饼	袋	10	6	5	4
6							

图2－4－3　计算库存结余量

步骤3：确定需补货货品

若库存结余量大于补货点，则不需要补货作业；若库存结余量小于或等于补货点，则需要补货作业。在H2输入函数“＝IF（G2＜＝F2,"是","否"）”，拖动或双击H2表格右下角“＋”，得出姚生记原香味小山核桃仁和旺旺雪饼需要补货（见图2－4－4）。

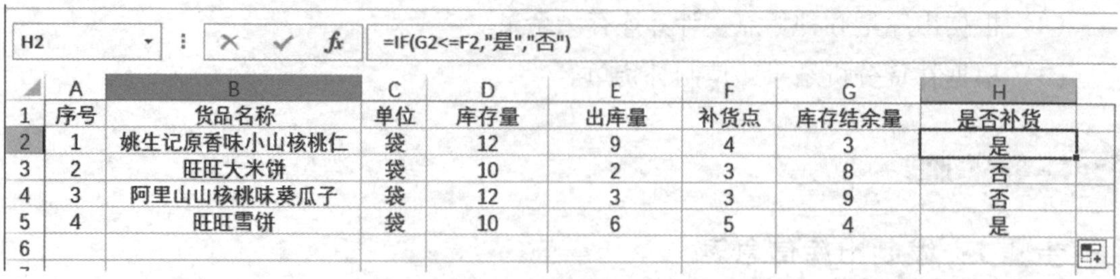
H2 =IF(G2<=F2,"是","否")

	A	B	C	D	E	F	G	H
1	序号	货品名称	单位	库存量	出库量	补货点	库存结余量	是否补货
2	1	姚生记原香味小山核桃仁	袋	12	9	4	3	是
3	2	旺旺大米饼	袋	10	2	3	8	否
4	3	阿里山山核桃味葵瓜子	袋	12	3	3	9	否
5	4	旺旺雪饼	袋	10	6	5	4	是
6								

图 2－4－4　确定需补货货品

步骤 4：填写补货单

根据补货量计算公式：

$$补货数量 = 补货点 - 库存结余量 + 1$$

可得如下表所示补货单。

补货单

序号	货品名称	单位	补货数量	补货储位	备注
1	姚生记原香味小山核桃仁	袋	2	C000005	
2	旺旺雪饼	袋	2	C000008	

任务评价

项目名称	评分标准	分值
编制出库信息表（15 分）	引用出库信息（每错一处扣 2 分）	10
	排版表格（每一不美观处扣 1 分）	5
计算库存结余量（20 分）	计算各货品的库存结余量（每错一处扣 5 分）	20
制订补货计划（25 分）	使用 IF 函数（未使用扣 5 分）	5
	分析各货品是否需要补货（每错一处扣 5 分）	20
填写补货单（40 分）	引用货品名称、单位（每错一处扣 5 分）	20
	填写补货数量、补货储位（每错一处扣 5 分）	20

任务 5　盘点计划

任务目标

1. 掌握盘点作业的含义、主要目的和内容。

2. 能够根据出入库通知单及库存信息，计算盘点区域的库存量，编制盘点单。

任务资讯

一、盘点作业的含义

盘点作业是指对在库的货品进行账目和数量上的清点。

二、盘点作业的主要目的

1. 核查实际库存数量

盘点作业可以查清实际库存数量，并通过盈亏调整，使库存账面数量与实际库存数量一致。

2. 计算企业资产的损益

库存货品总金额直接反映企业流动资产的使用情况，库存量过高，流动资金的正常运转将受到威胁，因此为了能准确地计算出企业实际损益，必须进行盘点作业。

3. 发现货品管理中存在的问题

通过盘点作业查明盈亏的原因，发现作业与管理中存在的问题，并通过解决问题来改善作业流程和作业方式，提高人员素质和企业的管理水平。

三、盘点作业的内容

1. 查数量

通过点数计数查明货品在库的实际数量，核对库存账面数量与实际库存数量是否一致。

2. 查质量

检查在库货品质量有无变化、是否超过有效期和保质期、有无长期积压等现象，必要时还必须对货品进行技术检验。

3. 查保管条件

检查保管条件是否与各种货品的保管要求相符合。

任务描述

2020 年 8 月 1 日，××物流公司仓库主管要求仓管员，根据电子拣选货架区库存信息（截至 2020 年 7 月 31 日 17 时）（见表 1－1－3）和出库通知单（见图 2－4－1），在出入库作业任务完成后，计算电子拣选货架区现有库存数量，并填写盘点单。

任务要求

仓管员借助 Excel 软件进行数据加工和处理，具体任务如下。

（1）计算完成出库后电子拣选货架区的库存数量，并编制新增库存信息表。

（2）根据以上计算结果，编制当天盘点单。

任务实施

步骤 1：编制电子拣选货架区新增货品库存信息表

通过任务 4 补货计划的相关知识，完成出库作业后，由补货单可知：姚生记原香味小山核桃仁至少补货 2 袋，由于只能整箱补货，故需要补货 1 箱；旺旺雪饼至少补货 2 袋，由于只能整箱补货，故需要补货 1 箱。姚生记原香味小山核桃仁的箱装数为 12 袋，旺旺雪饼的箱装数为 24 袋。由库存量计算公式：

库存量 = 初始库存 − 出库量 + 补货数量

可得电子拣选货架区在出库后的库存变化信息，如图 2－5－1 所示。

G2 =D2-E2+F2

	A	B	C	D	E	F	G
1	序号	货品名称	单位	初始库存	出库量	补货数量	库存量
2	1	姚生记原香味小山核桃仁	袋	12	9	12	15
3	2	旺旺大米饼	袋	10	2	0	8
4	3	阿里山山核桃味葵瓜子	袋	12	3	0	9
5	4	旺旺雪饼	袋	10	6	24	28
6							

图 2－5－1　电子拣选货架区新增货品库存信息表

步骤 2：编制盘点单

根据电子拣选货架区库存信息（见表 1－1－3）及电子拣选货架区补货后库存变化信息（见图 2－5－1），可得出对应的盘点单（见图 2－5－2）。

	A	B	C	D	E	F	G
1	储位编码	货品条码	货品名称	库存量	计划盘点数量	单位	备注
2	C000000	20180S00001	德芙丝滑牛奶巧克力	24	24	盒	
3	C000001	20180S00002	德芙牛奶巧克力礼盒	24	24	盒	
4	C000002	20180S00003	德芙牛奶巧克力	14	14	盒	
5	C000003	20180Y00004	大白兔奶糖	24	24	瓶	
6	C000004	20180Y00005	康师傅茉莉蜜茶	14	14	瓶	
7	C000005	20180S00011	姚生记原香味小山核桃仁	15	15	袋	
8	C000006	20180S00012	旺旺大米饼	8	8	袋	
9	C000007	20180S00013	阿里山山核桃味葵瓜子	9	9	袋	
10	C000008	20180S00004	旺旺雪饼	28	28	袋	
11	C000100	20180Y00006	统一冰绿茶	14	14	瓶	
12	C000101	20180Y00007	百事可乐	24	24	瓶	
13	C000102	20180Y00008	可口可乐	24	24	瓶	
14	C000103	20180Y00009	波力海苔罐装	24	24	罐	
15	C000104	20180S00005	上好佳鲜虾片	10	10	袋	
16	C000105	20180S00006	熊孩子冻干无花果	10	10	袋	
17	C000106	20180S00007	德芙巧克力礼盒	10	10	袋	
18	C000107	20180S00008	绿箭无糖口香糖	10	10	袋	
19	C000108	20180S00009	统一100红烧牛肉面	10	10	袋	
20							

图 2－5－2　盘点单

任务评价

项目名称	评分标准	分值
编制电子拣选货架区新增货品库存信息表（50 分）	分析补货箱数（每错一处扣 5 分）	10
	写出库存量计算公式（错漏扣 5 分）	5
	引用货品名称、单位、初始库存（每错一处扣 2 分）	6
	引用出库量（错漏扣 2 分）	2
	引用补货数量（错漏扣 2 分）	2
	计算库存量（每错一处扣 5 分）	20
	排版表格（每一不美观处扣 1 分）	5
编制盘点单（50 分）	引用储位编码、货品条码、货品名称（每错漏一处扣 2 分）	8
	更新库存量（每错一处扣 1 分）	18
	明确计划盘点数量（每错一处扣 1 分）	18
	排版盘点单（每一不美观处扣 1 分）	6

模块三　入库管理

任务6　入库作业计划

任务目标

1. 掌握入库作业计划的内容、组托方式及储位分配原则。
2. 能够计算整托层高及每层箱数，绘制组托示意图。
3. 能够根据库存信息、ABC 分类结果及储位分配规则进行入库储位分配。

任务资讯

一、入库作业计划概述

入库作业是指仓储部门按照存货方的要求合理组织人力、物力等资源，按照入库作业程序，认真履行入库作业各环节的职责，及时完成入库任务的工作过程。

入库作业计划是根据不同的管理策略、货品属性、数量以及现有库存情况，自动设定货品堆码位置、货品堆码顺序，从而有效地利用现有仓库容量，提高作业效率。

箱装货品的外包装特点是尺寸统一，因此可采用垛堆法，把货品码成一定层高、每层箱数固定的垛型。

二、组托的概念

组托是根据货品外包装上的规格，遵循托盘利用率最大和奇偶压缝的原则，把货品堆码在托盘上。组托分为整托和散托（见图 3－6－1）。

整托是把货品按照要求层高在托盘上进行堆码，使托盘利用率达到最大。散托则是没有达到整托程度的堆码情况。整托每层货品摆放数量一致且层数摆放达到限高。如果是散托，要注意最上层货品的摆放方式。

图 3－6－1　整托和散托示意

不同的堆码方式，会有不同的组托效果。表 3－6－1 列举了七种纸箱尺寸，并分别展示了其对应的一种组托方式。

表 3－6－1　　　　七种纸箱尺寸及组托示意

序号	组托方式	纸箱外径尺寸	组托示意	
1		190mm×370mm×270mm	奇数层 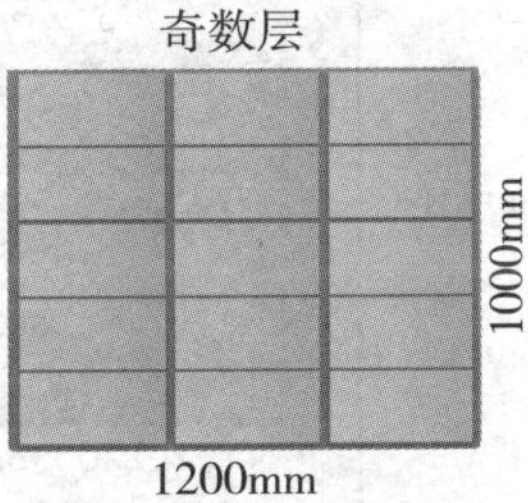 	偶数层 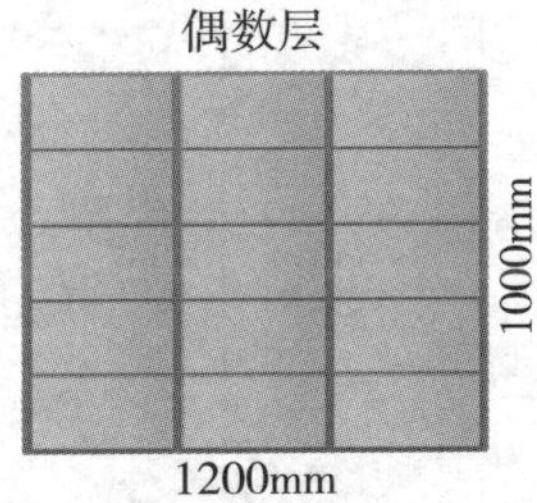
2	重叠式组托	300mm×580mm×200mm	奇数层 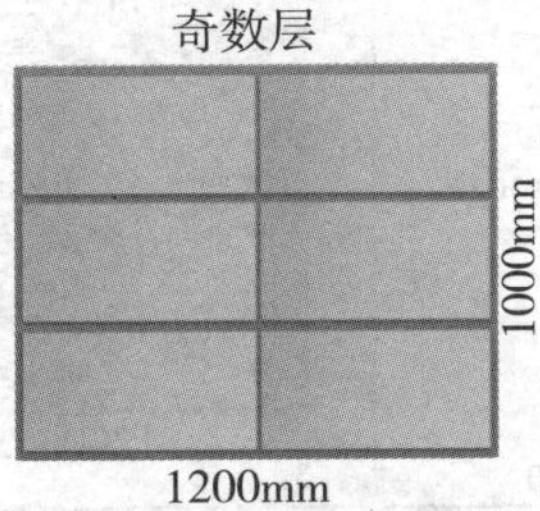 	偶数层 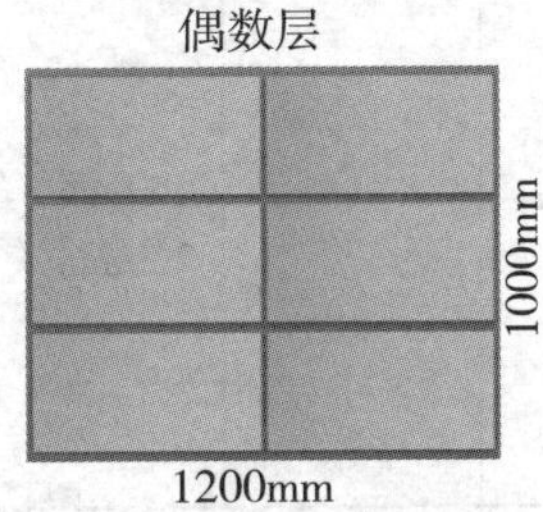
3		350mm×350mm×245mm	奇数层 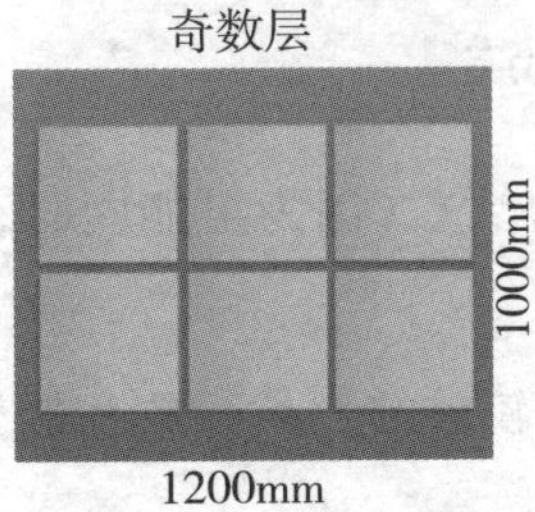 	偶数层 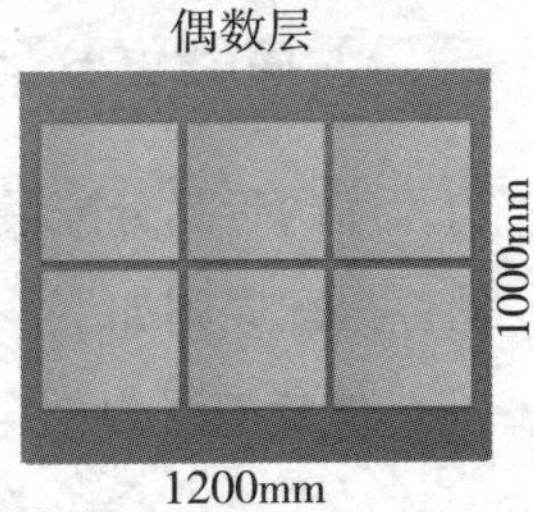

续 表

序号	组托方式	纸箱外径尺寸	组托示意
4	重叠式组托	380mm×480mm×220mm	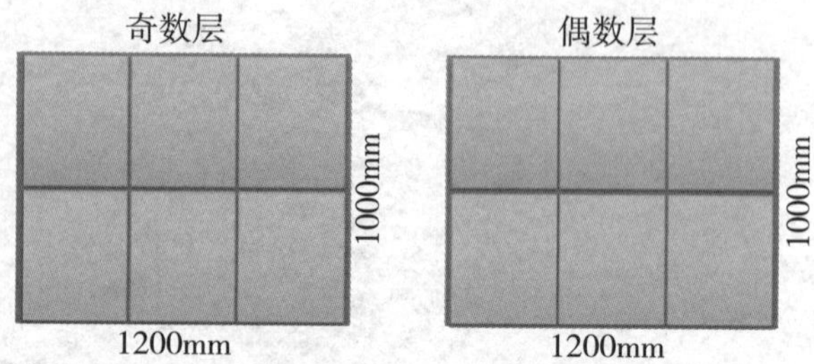
5	正反交错式组托	285mm×380mm×270mm	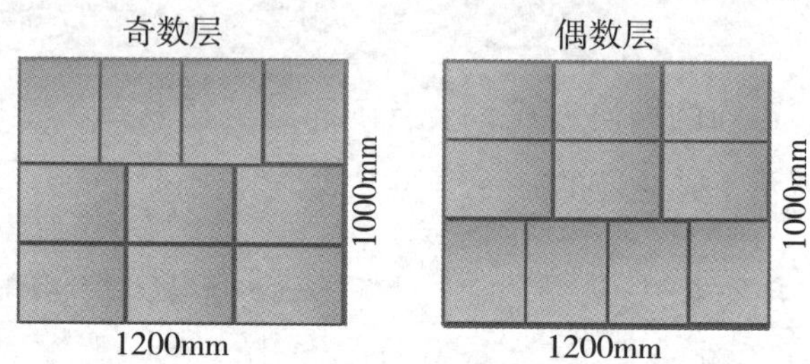
6		320mm×480mm×200mm	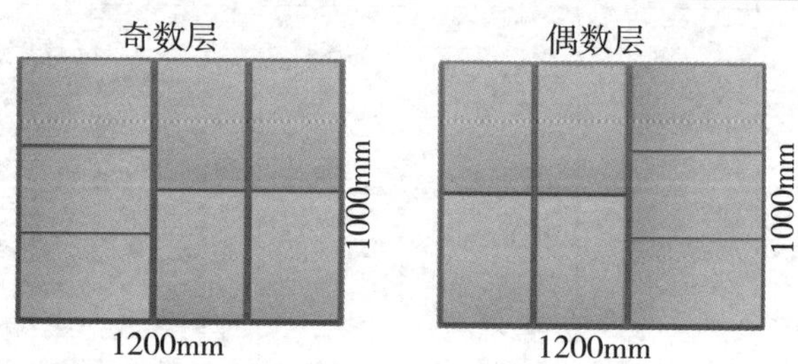
7		380mm×570mm×220mm	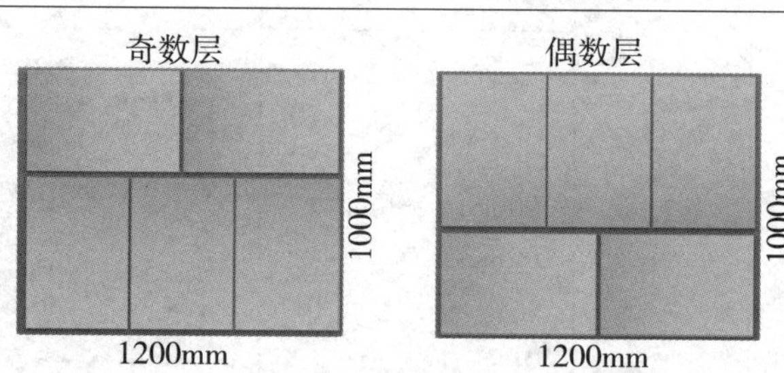

三、入库储位分配概述

为入库的货品分配最佳储位（因为可能同时存在多个空闲的储位）即入库储位分配。储位分配原则如下。

（1）使货架受力稳定，较重的货品存放在低处的储位，较轻的货品存放在高处的储位。

（2）同种货品出库时，先入先出，以加快货品周转，避免因积压而产生损失。

（3）仓库有多个巷道时，同种货品分散在不同的巷道进行存放，以防止因某巷道堵塞影响某种货品的出库，造成生产中断。

（4）为保证快速响应出库请求，一般将货品就近放置在出库台附近。

任务描述

2020 年 8 月 2 日，××物流公司接到客户发来通知，有一批德芙牛奶巧克力计划入库，入库通知单如图 3－6－2 所示。

入库通知单

客户：××超市有限公司　　　　入库库房：××物流公司库房

批次号：20180301002　　　　入库时间：2020－08－02

客户指令号：20200802X011

货品条码	货品名称	包装规格	单位	数量
20180S00003	德芙牛奶巧克力	440mm×240mm×200mm	箱	20

图 3－6－2　入库通知单

货架和托盘尺寸如表 3－6－2 所示。

表 3－6－2　　货架和托盘尺寸

名称	规格要求	数量
货架	横梁式 1 层 2300mm×800mm×1100mm 2 层 2300mm×800mm×1100mm 3 层 2300mm×800mm×1100mm	若干组
托盘	标准 1200mm×1000mm×130mm 木制托盘	一批

已知 ABC 分类如图 1－2－7 所示。

任务要求

仓库主管要求仓管员根据入库通知单，结合货架、托盘和包装规格，制定这批货品的入库作业计划表。

任务实施

步骤1：分析组托基本信息

通过分析入库通知单以及货架和托盘尺寸信息，得出组托基本信息如表3－6－3所示。

表3－6－3　　组托基本信息

货品名称	包装规格	数量	托盘规格	货架层高
德芙牛奶巧克力	440mm×240mm×200mm	20箱	1200mm×1000mm×130mm	1100mm

步骤2：计算整托每层的货品数量

根据包装规格和托盘规格，计算出整托每层货品数量。已知德芙牛奶巧克力箱长为440mm，箱宽为240mm；托盘长度为1200mm，宽度为1000mm，可得出整托每层货品数量为10箱。

用PPT或Word软件绘图功能绘制这批德芙牛奶巧克力分别按重叠式和正反交错式堆码的奇数层和偶数层示意，如图3－6－3和图3－6－4所示。

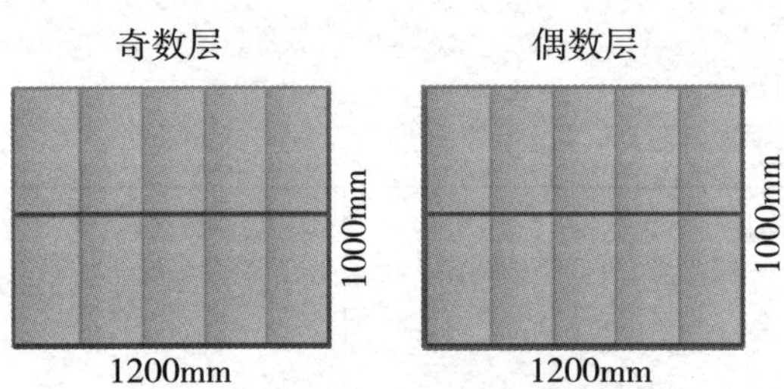

图3－6－3　重叠式组托

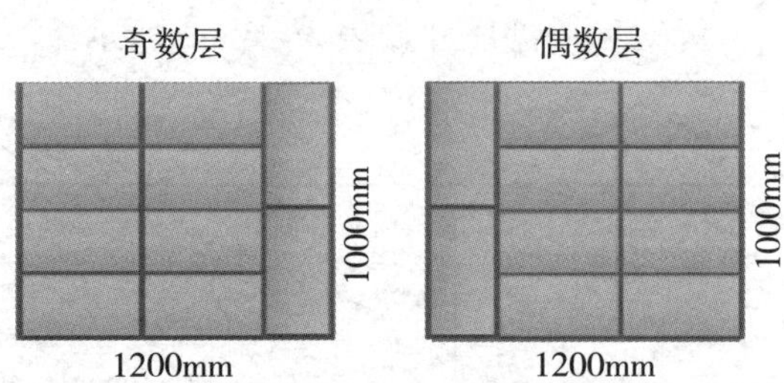

图3－6－4　正反交错式组托

步骤3：计算整托每托层数

已知，德芙牛奶巧克力箱高200mm，托盘高度130mm，货架层高1100mm。则有：

$$货架有效高度=1100-130=970\ (mm)$$

$$堆码层数=970\div 200=4.85\ (层)$$

因此，可得出整托每托的堆码层数最高为4层。

步骤4：编制入库计划表

根据ABC分类，可知德芙牛奶巧克力为B类货品。依照托盘货架区库存信息和储位分配规则，德芙牛奶巧克力拟放储位为 B000100。编制入库计划表如表 3-6-4 所示。

表 3-6-4　　入库计划表

货品名称	入库数	规格	组托数	整托层数	每层箱数	拟放储位
德芙牛奶巧克力	20 箱	440mm×240mm×200mm	1	2 层	10 箱	B000100

任务评价

项目名称	评分标准	分值
分析组托基本信息（25 分）	引用入库通知单信息（每错漏一处扣 5 分）	15
	引用托盘和货架尺寸信息（每错漏一处扣 5 分）	10
分析整托每层的货品数量（40 分）	计算每层的货品数量（错误扣 10 分）	10
	绘制组托奇数层示意图（每错一处扣 5 分）	15
	绘制组托偶数层示意图（每错一处扣 5 分）	15
分析整托每托层数（20 分）	列出计算整托每托层数的依据及计算公式（每错一处扣 5 分）	10
	计算每托的最高层数（错误扣 10 分）	10
编制入库计划表（15 分）	指定拟放储位（错漏扣 10 分）	10
	排版表格（每一不美观处扣 1 分）	5

模块四　出库管理

任务7　出库作业计划

任务目标

1. 掌握出库业务的定义及出库依据。
2. 掌握拣货作业的定义及拣货方法。
3. 能够根据出库信息及规则，制订出库作业计划。

任务资讯

一、出库业务的定义

出库业务，是仓库根据业务部门或存货单位开出的货品出库凭证（提货单、货品调拨通知单），按其所列货品条码、名称、规格、型号、数量等项目，组织货品出库一系列工作的总称。出库发放的主要任务是：货品必须准确、及时、保质保量地发给收货单位，包装必须完整、牢固，标记要正确清楚，核对必须仔细。

二、出库的依据

货品出库必须依据货主开出的“货品调拨通知单”进行。在任何情况下，仓库都不得擅自动用、变相动用或者外借货主的库存货品。

尽管“货品调拨通知单”的格式不尽相同，但不论采用何种形式，都必须是符合财务制度要求的有法律效力的凭证，要坚决杜绝凭信誉或无正式手续的发货。

三、拣货作业的定义

拣货作业是依据顾客的订货要求或配送中心的送货计划，尽可能迅速、准确地将货品从其储位或其他区域拣取出来，并按一定的方式进行分类、集中、等待配装送货的作业流程。

四、拣选作业方法

1. 摘果式拣选

（1）摘果式拣选是针对每一笔订单（即每个客户）进行拣选，拣货人员或设备巡回于各个储位，将所需的货品取出，形似摘果。

（2）摘果式拣选的特点如下。

①按订单拣选，易于实施，而且配货的准确度较高，不易出错。

②对各用户的拣选相互没有约束，可以根据用户需求的紧急程度，调整配货先后次序。

③拣选完一笔订单货品便配齐，因此，货品可不再落地暂存，而直接装上配送车辆，这样有利于简化工序、提高作业效率。

④用户数量不受限制，可在很大范围内波动。拣选作业人员数量也可以随时调节，在作业高峰时，可以临时增加作业人员，有利于开展即时配送，提高服务水平。

⑤对机械化、自动化没有严格要求，不受设备水平限制。

2. 播种式分拣

（1）播种式分拣是把多笔订单（多个客户的要货需求）集合成一批，先把其中每种货品的数量分别汇总，再逐个品种对所有客户进行分货，形似播种。

（2）播种式分拣的特点如下。

①由于是集中取出共同需要的货品，再按每笔订单的货品进行储位分放，这就需要在收到一定数量的订单后进行统计分析，安排好各用户的分货储位之后才能反复进行分货作业。因此，这种工艺难度较高，计划性较强，和摘果式选相比错误率较高。

②由于各用户的配送请求同时完成，故可以同时开始对各用户所需货品进行配送，因此有利于车辆的合理调配和配送路线的规划，与摘果式拣选相比，可以更好地利用规模效益。

③对到来的订单无法及时反应，必须等订单达到一定数量时才做一次处理，因此会产生停滞。只有根据订单到达的状况做等候分析，决定出适当的批量大小，才能将停滞时间减至最低。

任务描述

2020 年 8 月 2 日，客户发来通知，有一批货品计划从 ×× 物流公司仓库出库，出库通知单如图 4－7－1 和图 4－7－2 所示。

出库通知单 1

发货库房：××物流公司库房　　客户：××超市有限公司
收货单位：××超市（文华路店）　　出库日期：2020－08－02
客户指令号：20200802X101

货品条码	货品名称	单位	数量
20180Y00005	康师傅茉莉蜜茶	箱	2
20180Y00005	康师傅茉莉蜜茶	瓶	3
20180S00005	上好佳鲜虾片	袋	2
20180Y00009	波力海苔罐装	罐	5

图 4－7－1　出库通知单 1

出库通知单 2

发货库房：××物流公司库房　　客户：××超市有限公司
收货单位：××超市（清远路店）　　出库日期：2020－08－02
客户指令号：20180307X102

货品条码	货品名称	单位	数量
20180Y00005	康师傅茉莉蜜茶	箱	2
20180S00003	德芙牛奶巧克力	箱	2
20180S00002	德芙牛奶巧克力礼盒	盒	5
20180Y00008	可口可乐	瓶	4
20180Y00007	百事可乐	瓶	2

图 4－7－2　出库通知单 2

任务要求

仓库主管要求仓管员根据出库通知单，按照先进先出原则拟订托盘货架区出库计划和电子拣选货架区出库计划。

任务实施

步骤 1：编制出库信息表

从出库通知单 1 和出库通知单 2 中提取相关信息，将收货单位、货品条码、货品名称、单位、数量等数据复制粘贴至 Excel 表格，针对单位列进行降序排序，可得出库信息表（见图 4－7－3）。

	A	B	C	D	E
1	收货单位	货品编码	货品名称	单位	数量
2	[illegible]超市(文华路店)	20180Y00005	康师傅茉莉蜜茶	箱	2
3	[illegible]超市(清远路店)	20180Y00005	康师傅茉莉蜜茶	箱	2
4	[illegible]超市(清远路店)	20180S00003	德芙牛奶巧克力	箱	2
5	[illegible]超市(文华路店)	20180Y00005	康师傅茉莉蜜茶	瓶	3
6	[illegible]超市(文华路店)	20180Y00009	波力海苔罐装	罐	5
7	[illegible]超市(清远路店)	20180Y00008	可口可乐	瓶	4
8	[illegible]超市(清远路店)	20180Y00007	百事可乐	瓶	2
9	[illegible]超市(清远路店)	20180S00002	德芙牛奶巧克力礼盒	盒	5
10	[illegible]超市(文华路店)	20180S00005	上好佳鲜虾片	袋	2
11					

图 4－7－3　出库信息表

步骤 2：拟订托盘货架区出库计划

拣选单位为箱的货品需要制订托盘货架区出库计划。××超市（文华路店）订购康师傅茉莉蜜茶 2 箱，××超市（清远路店）订购康师傅茉莉蜜茶 2 箱，康师傅茉莉蜜茶合计出库 4 箱。××超市（清远路店）订购德芙牛奶巧克力 2 箱，德芙牛奶巧克力合计出库 2 箱。根据库存信息（见任务 3 图）和出库信息（见图 4－7－3），可得出托盘货架区出库计划（见图 4－7－4 和图 4－7－5）。

出库单 1						
序号	货品名称	康师傅茉莉蜜茶				
	客户名称	拣选单位	出货储位	数量	月台	备注
1	××超市（文化路店）	箱	B000000	2	发货区	
2	××超市（清远路店）	箱	B000000	2	发货区	
合计		4				

图 4－7－4　托盘货架区出库计划 1

出库单 2						
货品名称		德芙牛奶巧克力				
序号	客户名称	拣选单位	出货储位	数量	月台	备注
1	××超市（清远路店）	箱	B000100	2	发货区	
合计				2		

图 4－7－5　托盘货架区出库计划 2

步骤 3：拟订电子拣选货架区出库计划

拣选单位不为箱的货品（散货）需要制订电子拣选货架区出库计划。××超市（文华路店）订购康师傅茉莉蜜茶 3 瓶，上好佳鲜虾片 2 袋，波力海苔罐装 5 罐。××超市（清远路店）订购德芙牛奶巧克力礼盒 5 盒，可口可乐 4 瓶，百事可乐 2 瓶。根据电子拣选货架区库存信息（见图 2－5－2）和出库信息（见图 4－7－3），可得出电子拣选货架区出库计划（见图 4－7－6 和图 4－7－7）。

出库单 3						
客户名称			××超市（文华路店）			
序号	货品名称	储位	单位	订购数量	计划出库量	实际出库量
1	康师傅茉莉蜜茶	C000004	瓶	3	3	3
2	上好佳鲜虾片	C000104	袋	2	2	2
3	波力海苔罐装	C000103	罐	5	5	5

图 4－7－6　电子拣选货架区出库计划 1

出库单 4						
客户名称			××超市（清远路店）			
序号	货品名称	储位	单位	订购数量	计划出库量	实际出库量
1	德芙牛奶巧克力礼盒	C000001	盒	5	5	5
2	可口可乐	C000102	瓶	4	4	4
3	百事可乐	C000101	瓶	2	2	2

图 4－7－7　电子拣选货架区出库计划 2

任务评价

项目名称	评分标准	分值
编制出库信息表（15 分）	引用收货单位、货品条码、货品名称、单位、数量（每错一处扣 2 分）	10
	排版表格（每错一处扣 1 分）	5
拟定托盘货架区出库计划（40 分）	分析货品出库数量（每错一处扣 5 分）	20
	编制托盘货架区出库计划表（出库单）（每错一处扣 5 分）	20
拟定电子拣选区出库计划（45 分）	分析货品出库数量（每错一处扣 5 分）	25
	编制托盘货架区出库计划表（出库单）（每错一处扣 5 分）	20

专项能力提升篇

模块五　仓储作业实操

任务8　入库作业

任务目标

1. 能够正确录入入库订单数据、打印入库单。
2. 熟练使用手持终端完成货品验收、理货、搬运及上架操作。

任务资讯

一、入库作业的基本流程

入库作业的基本流程如图5－8－1所示。

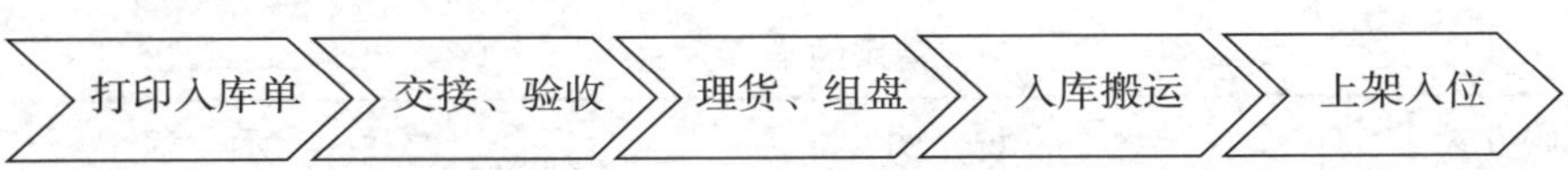

图5－8－1　入库作业的基本流程

（1）信息员登录仓储管理系统，生成入库作业计划，打印入库单并递交仓库。

（2）收货员与送货司机进行货品交接，完成验收。

（3）理货员按堆码要求对货品进行理货、组盘。

（4）叉车/拖车司机将货品搬运至货架暂存区。

（5）堆高车司机运送货品入位，库工扫描储位，确认入位正确。

二、入库作业计划

在货品正式入库前，需要信息员将入库订单的信息录入系统，生成入库作业计划并打印入库单。入库单作为仓库作业的依据进行流转，仓管员须依据入库单和客户的送货单进行货品的入库验收及后续作业。

信息员在录入入库单时可以灵活使用“备注”字段向后续作业人员传递信息。例如信息员可以把相近的号段分别记录在记事本中，下次录入时直接复制、粘贴、再修改，可以提高录入效率。

如果仓库有多笔入库单，一般优先处理有后续任务或者所含货品数量少的单据。

三、验收货品的方法

在物流仓库中，数量检验一般采用计件的方法进行。对整箱成件的货品，采用的是集中堆码点数法，按每行、每层件数一致的原则，将货品堆成固定的垛型，然后通过计算得出总数。这种方法适用于品种单一、包装大小一致且数量大、体积不大的货品。而对于散装或非定量包装的货品则采用点件法，对货品逐一进行清点。

质量检验主要是对货品外观进行检验，检查包装的牢固程度以及包装外形或装饰有无缺陷，检查货品有无撞击、变形、破碎等损伤，检查货品是否被雨、雪、油等污染，检查有无潮湿、霉腐、生虫等情况。

收货员验收时，需认真核对货品的名称、批次等基本信息，避免窜货；要根据收取货品的实际数量来修改手持设备中的收货数量。

四、货品堆码

1. 常用的堆码方式（见下表）

常用的堆码方式

堆码方式	说　明	示　意
重叠式	货品逐件、逐层向上整齐码放，各层码放方式相同，上下对应	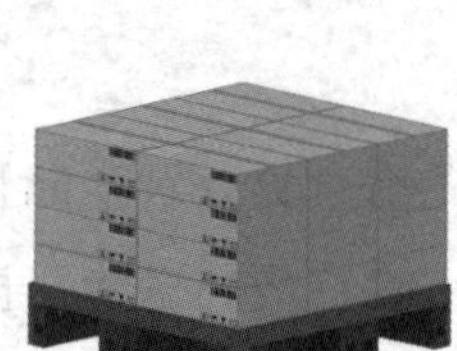
纵横交错式	相邻层的货品旋转 90° 码放，即一层横向放置，其相邻层则纵向放置	

续　表

堆码方式	说　明	示　意
正反交错式	同一层不同列的货品旋转 90°垂直码放，相邻层旋转 180°码放	
旋转交错式	第一层相邻的两个包装体互为 90°，两层间旋转 180°码放，相邻两层之间互相咬合、交叉	

2. 堆码的操作要求

（1）合理：垛型必须适合货品性质及特点，堆码要留足物距，遵循“大不压小，重不压轻”原则，货垛高度要合适。

（2）牢固：码垛必须不偏不斜、不歪不倒、牢固坚实、不超负荷。

（3）整齐：货垛按一定的规格、尺寸叠放，货品排列有序、清洁且美观，包装和标志一律朝外。

（4）方便：堆垛的垛法、垛型、垛位要便于装卸、搬运、清点、维护、保养、检查、盘点和消防扑救。

（5）节约：堆码过程中尽量一次成型，注意节省空间位置，节省仓位。

（6）定量：尽量堆成总数为五的倍数的货垛，使货品“五五成行、五五成方、五五成包、五五成堆、五五成层”，即“五五化”堆码方法。

另外，理货员还要注意堆码限制，例如，按一般原则，托盘上原本可以堆叠三层，但入库单中备注有“限高两层”，那么超过的部分应装载在另外的托盘上。同时，还要注意托盘的满托数量，当一单货品的收货数量大于一托盘的满托数量时，需要把这单货品装在两个托盘上。另外，由于新纸箱不易放平，容易引起掉箱，理货员在操作时应该格外注意。

五、托盘搬运车的使用方法

托盘搬运车如图 5－8－2 所示，具体使用方法如下。

（1）货叉上升：将椭圆手柄上面的开关按至最下位置，然后上下摇动椭圆手柄即可实现上升。

（2）搬运：将椭圆手柄上面的开关停到中间位置，即可开始搬运作业。

（3）货叉下降：只需要将椭圆手柄上面的开关调至最上位置，即可实现货叉下降。

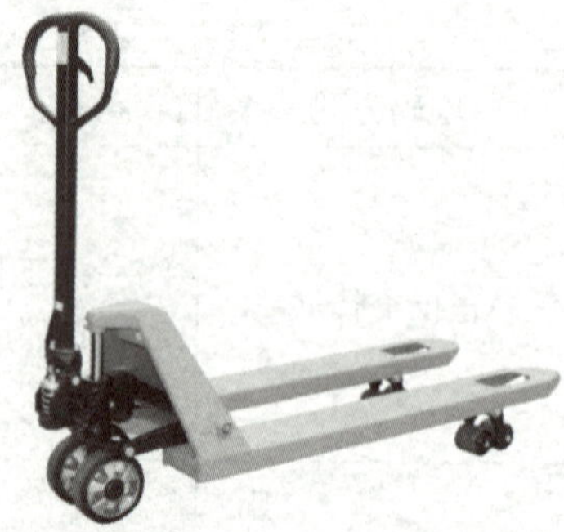

图 5－8－2　托盘搬运车

六、货品上架流程

货品上架流程如图 5－8－3 所示。

（1）信息员准备货品上架信息，入库管理员安排人员、车辆。

（2）库区管理员通过手持终端确认待上架货品的目的库区和货架的位置。

图 5－8－3　货品上架流程

（3）叉车/拖车司机驾驶车辆搬运指定货品至货架暂存区。

（4）堆高车司机驾驶车辆在巷道内搬运货品上架入位。

（5）库工/堆高车司机配合扫描，确定货品上架入位。

（6）库区管理员检查货品上架情况，保证货品准确、安全。

任务描述

××集团股份有限公司（以下简称“××集团”）是一家国有大型物流企业，主营业务为仓储、运输、配送和物流信息处理等服务项目。经营范围覆盖全国大部分地区。目前，××集团在上海市设立了一个物流中心，该物流中心主要开展除易燃易爆危险品、有毒货品、生鲜货品之外的普通货品的储存、保管、装卸搬运、长途干线运输、市内配送、物流信息处理等业务。物流中心每天的工作时间为 7：00—18：00。

2020 年 7 月 1 日 9 时，××集团上海物流中心通过邮件收到客户××集团有限公司的入库通知单，如图 5－8－4 所示。

入库通知单						
客户指令号	001	客户名称	××集团		紧急程度	紧急
库房	××库房	入库类型	正常出库		入库方式	送货
预计入库时间	2020 年 7 月 1 日 10 时					
货品条码	货品名称	包装规格	单位	数量	批次	备注
6925220721556	统一冰红茶（250ml）	—	箱	15	20200630	限高 3 层

图 5－8－4　入库通知单

任务要求

信息员在仓储管理系统生成作业计划，下达入库指令，打印入库单，并交接到仓库后，由仓库作业人员完成这批货品验收、理货、搬运、上架的操作。

任务实施

步骤1：单据生成与打印

信息员根据入库通知单录入订单信息，生成作业计划，并打印入库单。

(1) 录入：信息员登录现代物流综合作业系统，点击【入库订单】（见图5－8－5），进入入库订单页面。

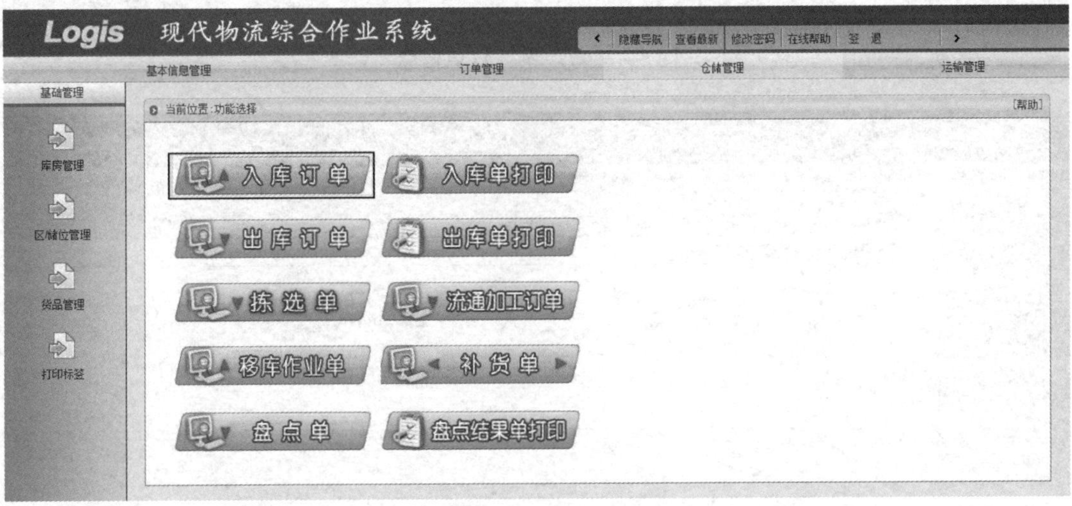

图5－8－5　点击【入库订单】

点击【新增】，进入入库订单维护页面（见图5－8－6）。

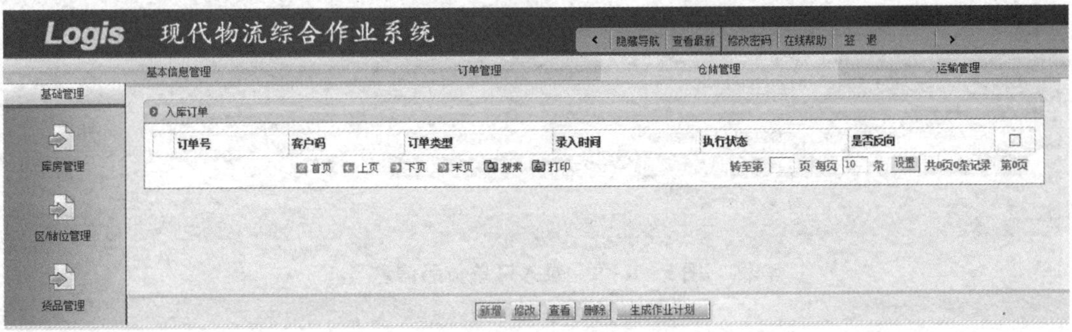

图5－8－6　入库订单维护页面

依次根据入库通知单信息，录入订单信息、订单入库信息、订单货品栏的相关信息（见图5-8-7至图5-8-9）。

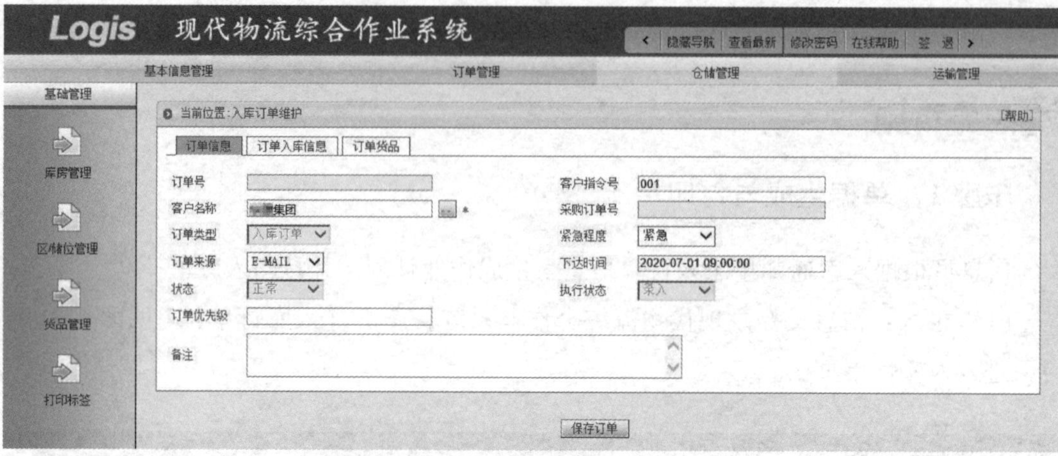

图5-8-7　录入订单信息

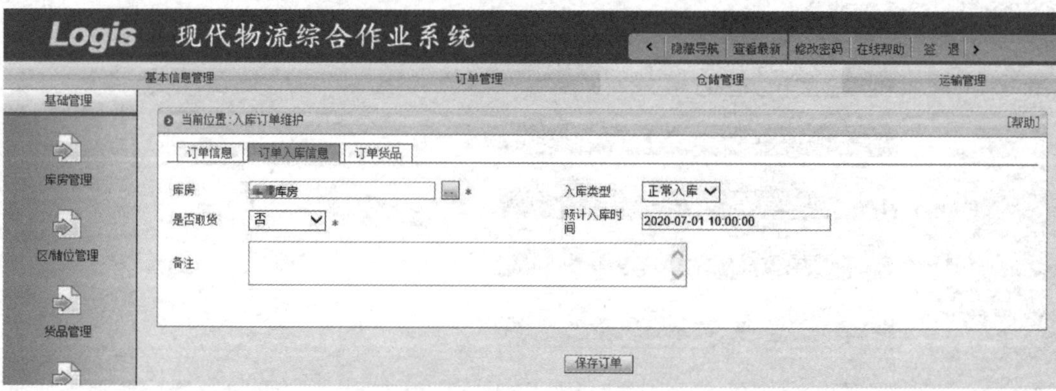

图5-8-8　录入订单入库信息

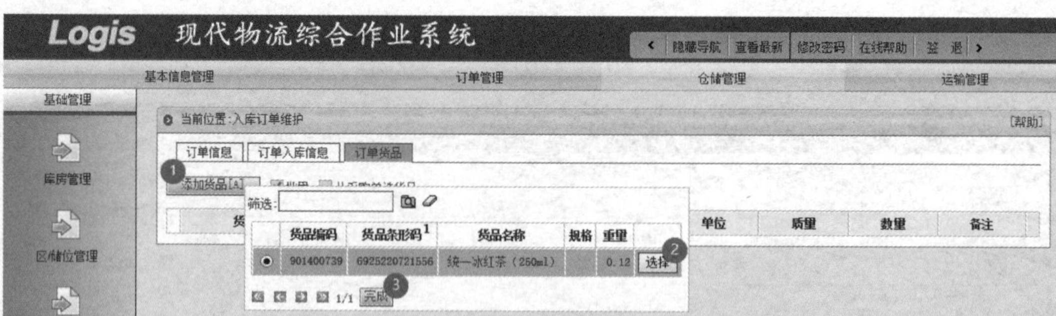

图5-8-9　录入订单货品信息

1　条形码为系统写法，实应为条码，后文同理。

（2）生成计划：录入完成后，点击【保存订单】（见图5－8－10），页面返回至列表界面。

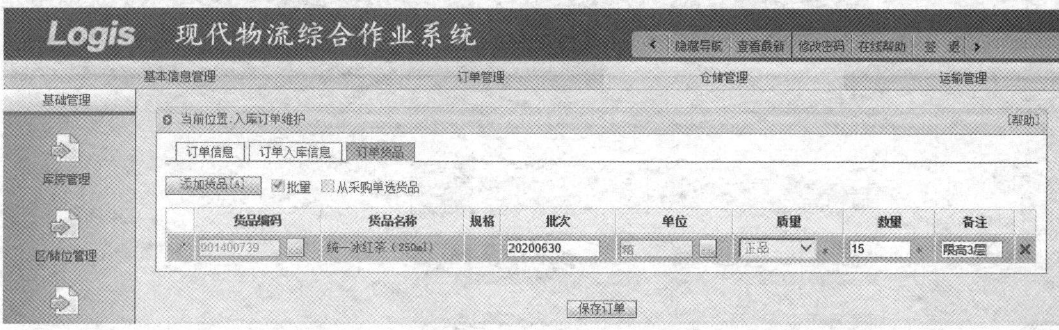

图5－8－10　点击【保存订单】

点击【生成作业计划】（见图5－8－11），相应界面弹出审核无误后，点击【确认生成】（见图5－8－12），系统指令生成。

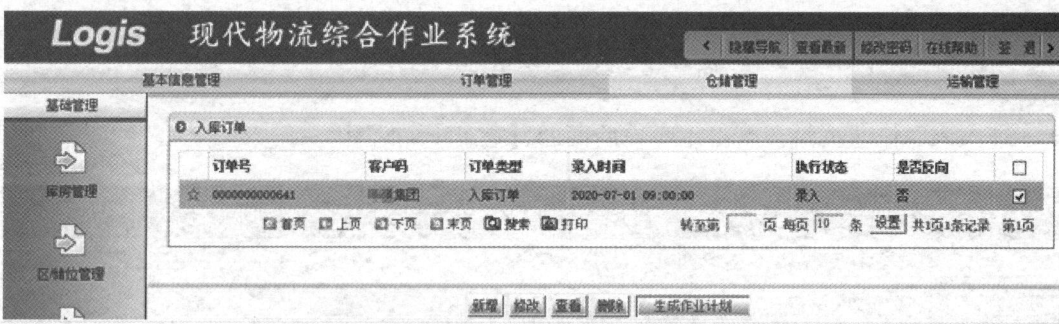

图5－8－11　点击【生成作业计划】

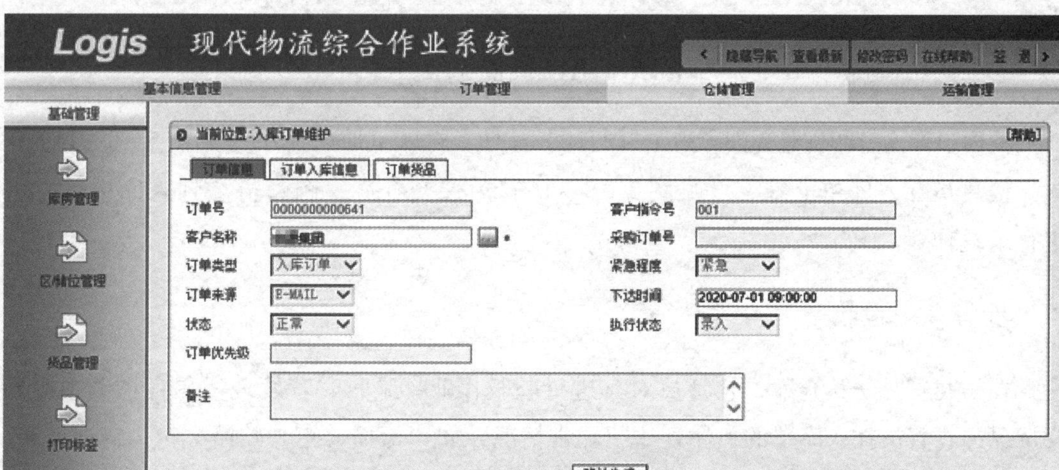

图5－8－12　点击【确认生成】

（3）打印：点击【仓储管理】返回功能选择页面，点击【入库单打印】（见图5－8－13）。

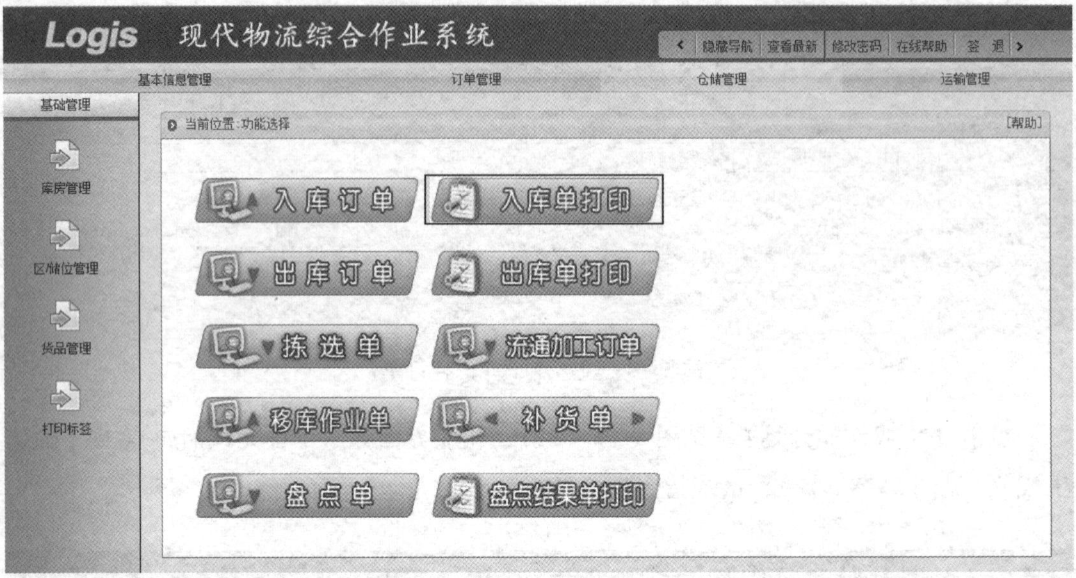

图5－8－13　点击【入库单打印】

进入入库作业页面，点击入库单后面的【打印】（见图5－8－14）。

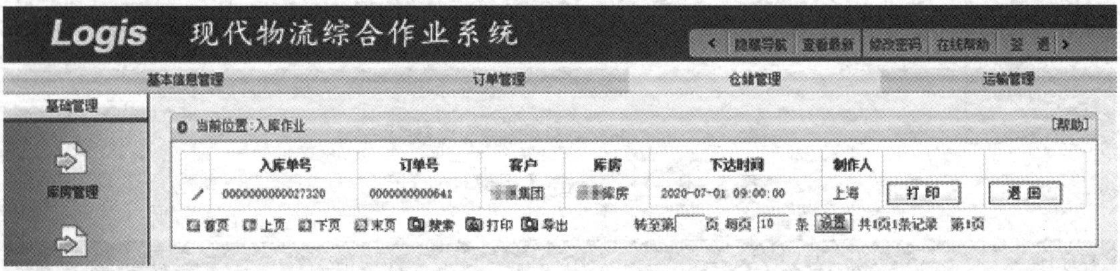

图5－8－14　点击【打印】

新窗口弹出打印预览界面，点击【打印】按钮，打印纸质入库单（见图5－8－15）。

信息员在入库单上签字（见图5－8－16）后递交仓库，仓管员拿到入库单后方可进行组托作业。

步骤2：验收

司机将货品送达仓库，仓管员对其进行验收作业。验收时若发现货品存在破损等异常情况，仓管员在入库单的备注处注明异常情况，如“污损×箱、破损×箱、错误×箱、未封箱×箱”，并在“仓管员（签字）”处签字；同时，要求送货人在“送货人（签字）”处签字（见图5－8－17），仓管员将第一联（白联）交给送货人员后，验收完成。

打印

0000000000641

入 库 单

库房名称：[illegible]库房　　应收总数：15.0　　是否取货：否

客户名称：[illegible]集团　　客户指令号：001　　预计入库时间：2020-07-01

货品名称	货品条码	规格	单位	应收	实收	批号	备注
统一冰红茶（250ml）	6925220721556		箱	15		20200630	限高3层

信息员（签字）：________　　仓管员（签字）：________　　送货人（签字）：________

第一联（白联）：送货人留存　　第二联（红联）：仓库留存　　第三联（黄联）：仓管员留存

图 5－8－15　打印纸质入库单

0000000000641

入 库 单

库房名称：[illegible]库房　　应收总数：15.0　　是否取货：否

客户名称：[illegible]集团　　客户指令号：001　　预计入库时间：2020-07-01

货品名称	货品条码	规格	单位	应收	实收	批号	备注
统一冰红茶（250ml）	6925220721556		箱	15		20200630	限高3层

信息员（签字）：×××　　仓管员（签字）：________　　送货人（签字）：________

第一联（白联）：送货人留存　　第二联（红联）：仓库留存　　第三联（黄联）：仓管员留存

图 5－8－16　信息员在入库单上签字

入 库 单

000000000641

库房名称:[illegible]库房　　应收总数: 15.0　　是否取货:否

客户名称: [illegible]集团　　客户指令号:001　　预计入库时间:2020-07-01

货品名称	货品条码	规格	单位	应收	实收	批号	备注
统一冰红茶(250ml)	6925220721556		箱	15		20200630	限高3层

信息员(签字): ×××　　仓管员(签字): ×××　　送货人(签字): ×××

第一联(白联):送货人留存　　第二联(红联):仓库留存　　第三联(黄联):仓管员留存

图 5-8-17　仓管员、送货人在入库单上签字

步骤 3：理货

操作员使用托盘搬运车将 1 个空托盘搬运至收货区，将验收通过的货品堆码到托盘上，并利用手持终端扫描货品标签和托盘标签进行组托作业。

(1) 操作员登录手持仓储作业系统，点击【入库作业】→【入库理货】→【理货】(见图 5-8-18)，获取理货指令。

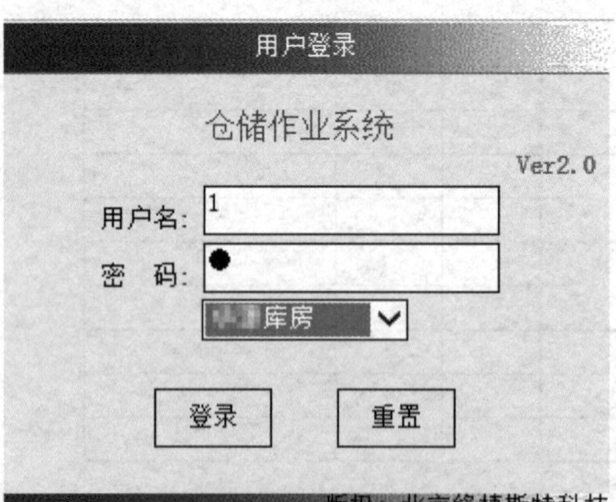

(a) 登录系统

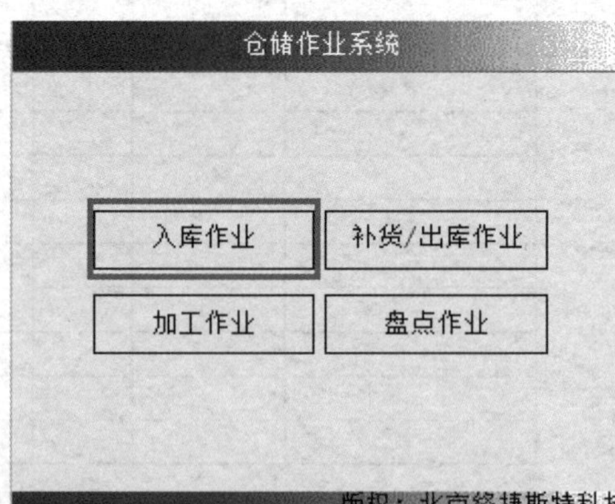

(b) 点击【入库作业】

图 5-8-18　理货指令

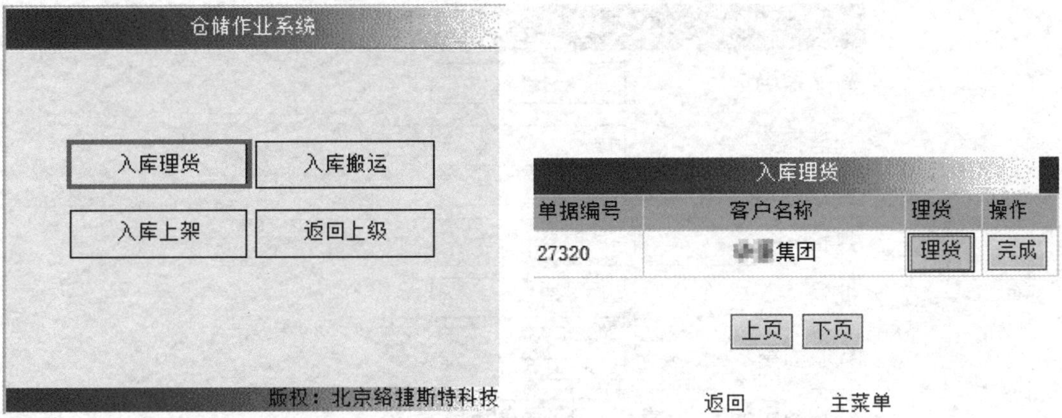

（c）点击【入库理货】　　（d）点击【理货】

图 5－8－18　理货指令（续）

进入入库理货页面，系统下面会提示待理货品的货品条码、货品名称及建议数量信息。

（2）操作员先扫描货品条码“6925220721556”，系统显示“去往［托盘货架区］”，提示此货品应存放的储存功能区（见图 5－8－19）；然后，扫描托盘标签“1111111111111”，系统自动关联货品名称、批号、实收数量等信息（见图 5－8－20），确认无误后点击【保存结果】。

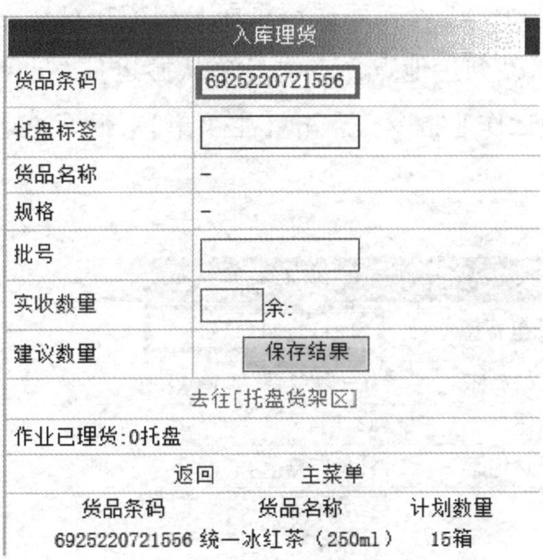

图 5－8－19　扫描货品条码

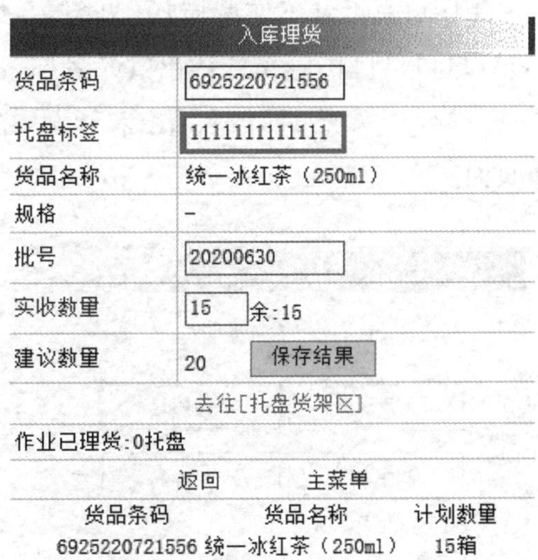

图 5－8－20　扫描托盘标签

系统页面显示“作业已理货：1 托盘”，表示统一冰红茶（250ml）（1 托盘 15 箱）理货完成，点击【主菜单】（见图 5－8－21），返回主菜单页面。

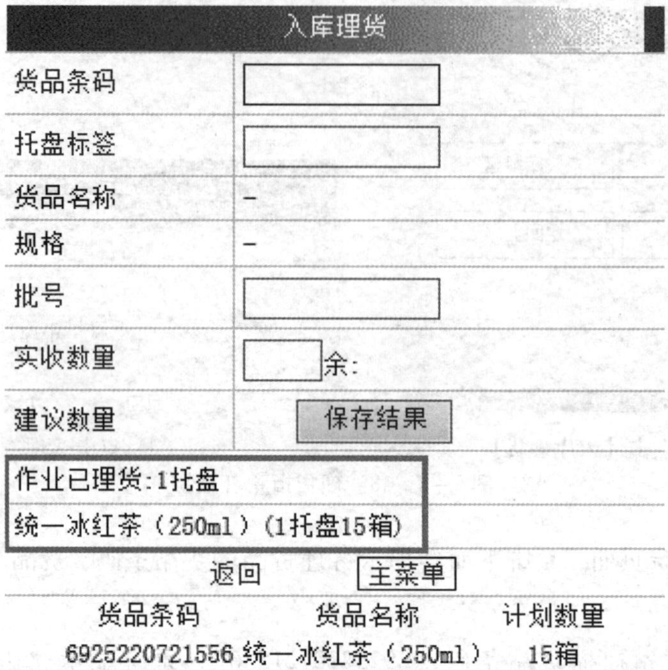

图 5－8－21　理货完成

步骤 4：搬运

操作员点击【入库搬运】（见图 5－8－22），进入入库搬运页面。扫描托盘标签“1111111111111”，系统读出货品名称、数量及到达地点，点击【确认搬运】（见图 5－8－23），系统页面信息清空。若无后续搬运作业指令，点击【主菜单】，返回主菜单页面。

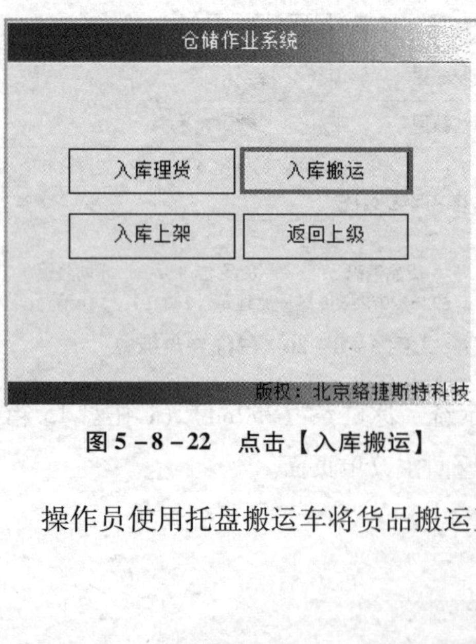

图 5－8－22　点击【入库搬运】

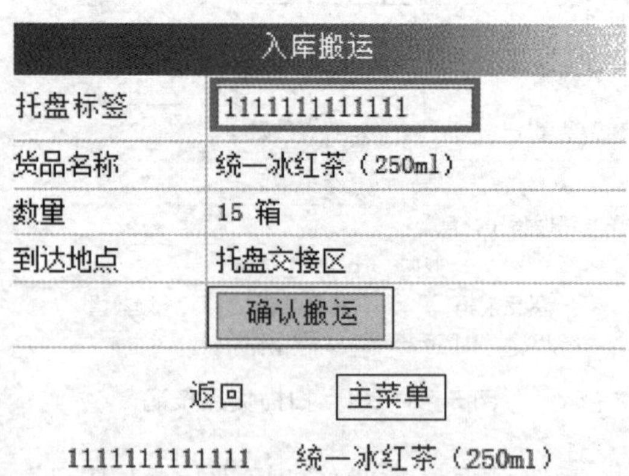

图 5－8－23　扫描托盘标签

操作员使用托盘搬运车将货品搬运至交接区域暂存，为货品上架做准备。

步骤5：上架

叉车司机使用堆高车将货品运送至对应储位，进行上架操作。

点击【入库上架】（见图5－8－24），进入入库上架页面。先扫描托盘标签“1111111111111”，系统关联货品名称、批号、数量。再扫描上架储位的储位标签，如图5－8－25所示，扫描的上架储位必须与系统分配的储位（见图5－8－25中波浪线处信息）相同，否则不允许上架（见图5－8－25）。点击【确认上架】，确认货品已放到系统分配的储位“A00004”，系统信息清空。点击【主菜单】，返回主菜单页面。

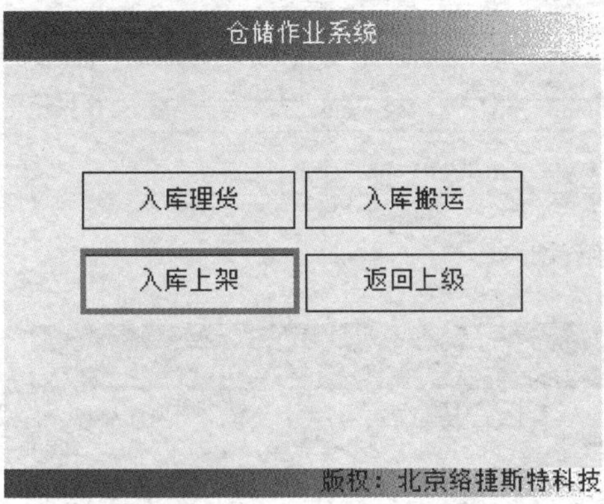

图5－8－24　点击【入库上架】

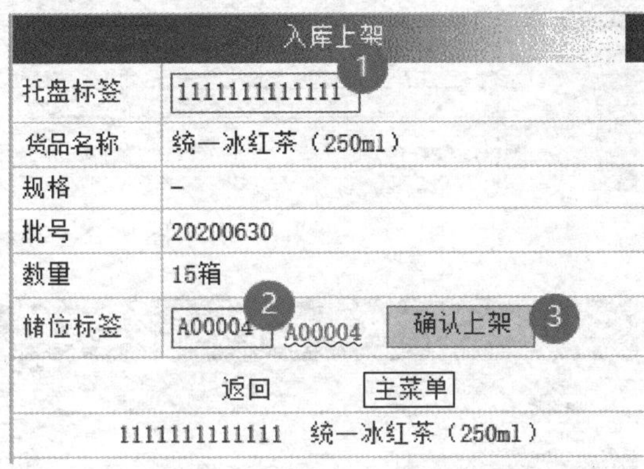

图5－8－25　扫描托盘标签

在主菜单页面，点击【入库理货】（见图5－8－26），进入入库理货页面，点击【完成】（见图5－8－27）。至此，该批货品的入库作业完成。

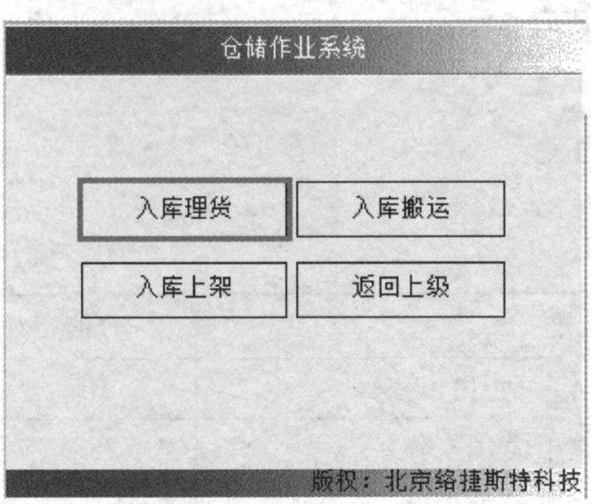

图5－8－26　点击【入库理货】

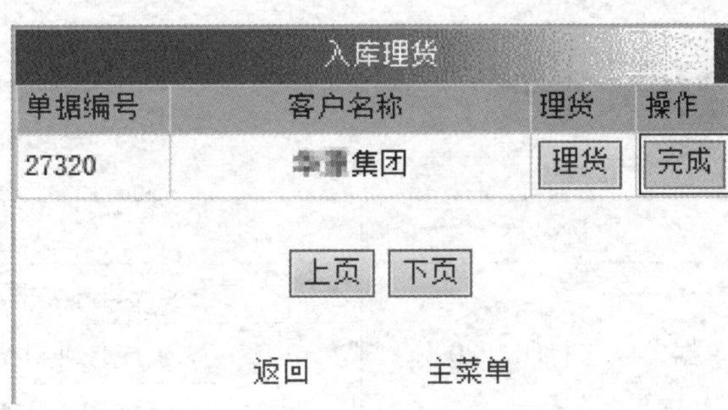

图5－8－27　点击【完成】

此时，信息员通过【仓储管理】→【库存管理】→【库存查询】/【可视化库存】，可以查询到客户××集团在库房托盘货架区（C00739）中，该托货品当前储位（A00004）的库存情况（见图5－8－28和图5－8－29）。

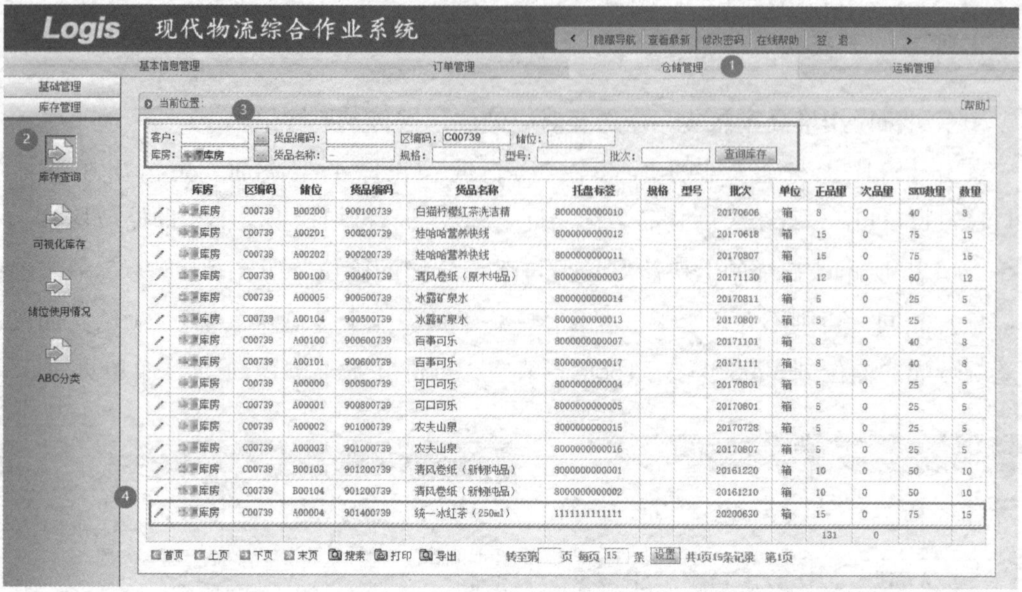

图 5－8－28　库存查询

图 5－8－29　可视化库存

任务评价

项目名称	评分标准	分值
单据生成与打印（20 分）	录入订单数据（每错一处扣 2 分）	10
	生成作业计划（未生成扣 5 分）	5
	打印入库单（错漏扣 5 分）	5
验收（20 分）	核对信息（错漏扣 5 分）	5
	检查货品（错漏扣 5 分）	5
	备注/签字入库单据（错漏扣 5 分）	5
	交单（错漏扣 5 分）	5

续　表

项目名称	评分标准	分值
理货（20 分）	搬运纸箱（每掉落一次扣 2 分）	10
	堆垛（超限扣 10 分）	10
搬运（20 分）	操作设备（每碰撞一次扣 2 分）	10
	搬运纸箱（每掉落一次扣 2 分）	10
上架（20 分）	操作设备（每碰撞一次扣 2 分）	10
	搬运纸箱（每掉落一次扣 1 分）	5
	货品入位（错误扣 5 分）	5

任务 9　移库作业

任务目标

1. 能够准确生成移库作业计划，打印移库单。
2. 熟练使用手持终端完成货品储位调整操作。

任务资讯

一、移库作业概述

移库作业是指根据仓库内货品质量变化、库存因素、货品放置错误、储位变更等因素而实施的一种库存管理方式。

二、移库作业流程

移库作业流程如图 5 –9 –1 所示。

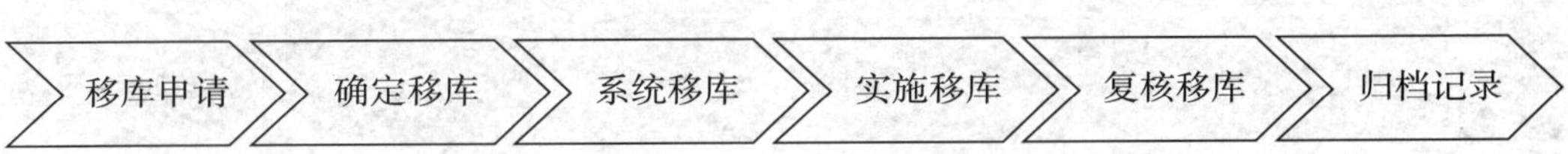

图 5 –9 –1　移库作业流程

三、移库作业操作要点

（1）移库作业应根据 ABC 分类的结果进行储位调整。

（2）移库作业应根据题目具体要求，同时满足多种移库规则。例如，同属性货品相邻存放、满足货品存放货架层数要求、按出入库量大小优先安排同层存放顺序、靠近托盘货架区出入口等。

任务描述

2020 年 7 月 1 日 16 时，××集团上海物流中心××库房的托盘货架区储位分配情况如图 5 -9 -2 所示（方括号内数字表示批号）。

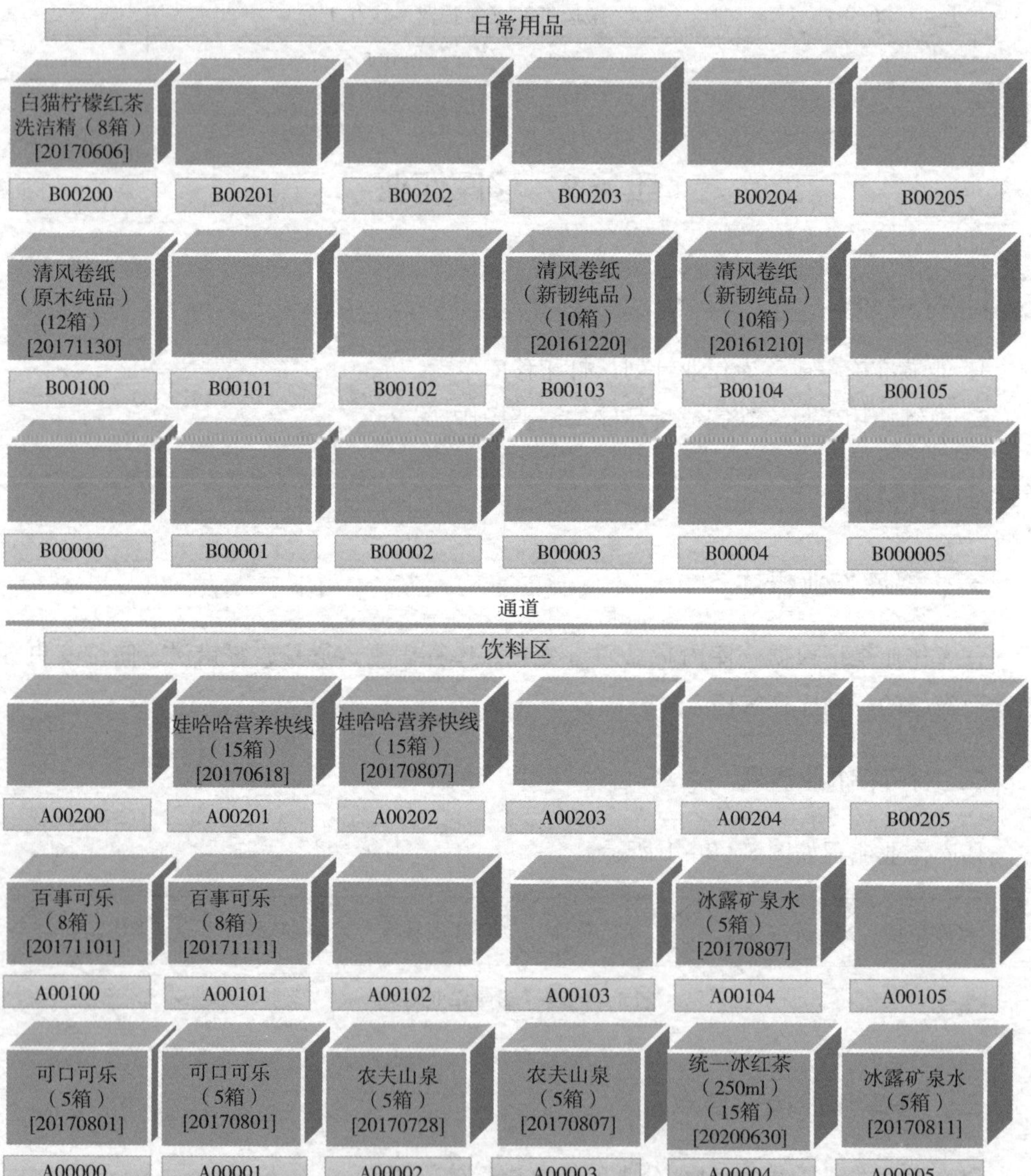

图 5 -9 -2　××集团上海物流中心××库房的托盘货架区储位分配情况

已知，各类货品 ABC 分类结果如表 5-9-1 所示。

表 5-9-1　　各类货品 ABC 分类结果

货品条码	货品名称	分类
6928804011173	可口可乐	A
6925220721556	统一冰红茶（250ml）	
6921168509256	农夫山泉	
6922266437359	清风卷纸（新韧纯品）	
6928804013740	冰露矿泉水	B
6924882496116	百事可乐	
9787309018646	图画本	
6925303751395	统一冰红茶（150ml）	
6922266452154	清风卷纸（原木纯品）	
6902083886455	娃哈哈营养快线	C
6901894121670	白猫柠檬红茶洗洁精	
6925303721398	统一冰红茶（500ml）	

依照托盘货架区库存信息，按照 A 类货品放置在货架一层、B 类货品放置在货架二层、C 类货品放置在货架三层以及同类货品相邻存放的原则，对托盘货架中储位不合理的货品进行移库操作。

任务要求

信息员在仓储管理系统中生成移库作业计划，下达移库指令，打印移库单。并在移库完成后绘制托盘货架区储位分配示意（见图 5-9-3）。库存信息包含货品名称和库存数据，比如："统一冰红茶（250ml）（15 箱）[20200630]"。

任务实施

步骤 1：移库货品分析

信息员根据储位分配情况、货品 ABC 分类及移库规则进行移库操作，本任务需要实施移库作业的商货有：清风卷纸（新韧纯品）（10 箱）[20161220]、清风卷纸（新韧纯品）（10 箱）[20161210] 和冰露矿泉水（5 箱）[20170811]，共 3 托。原储位和

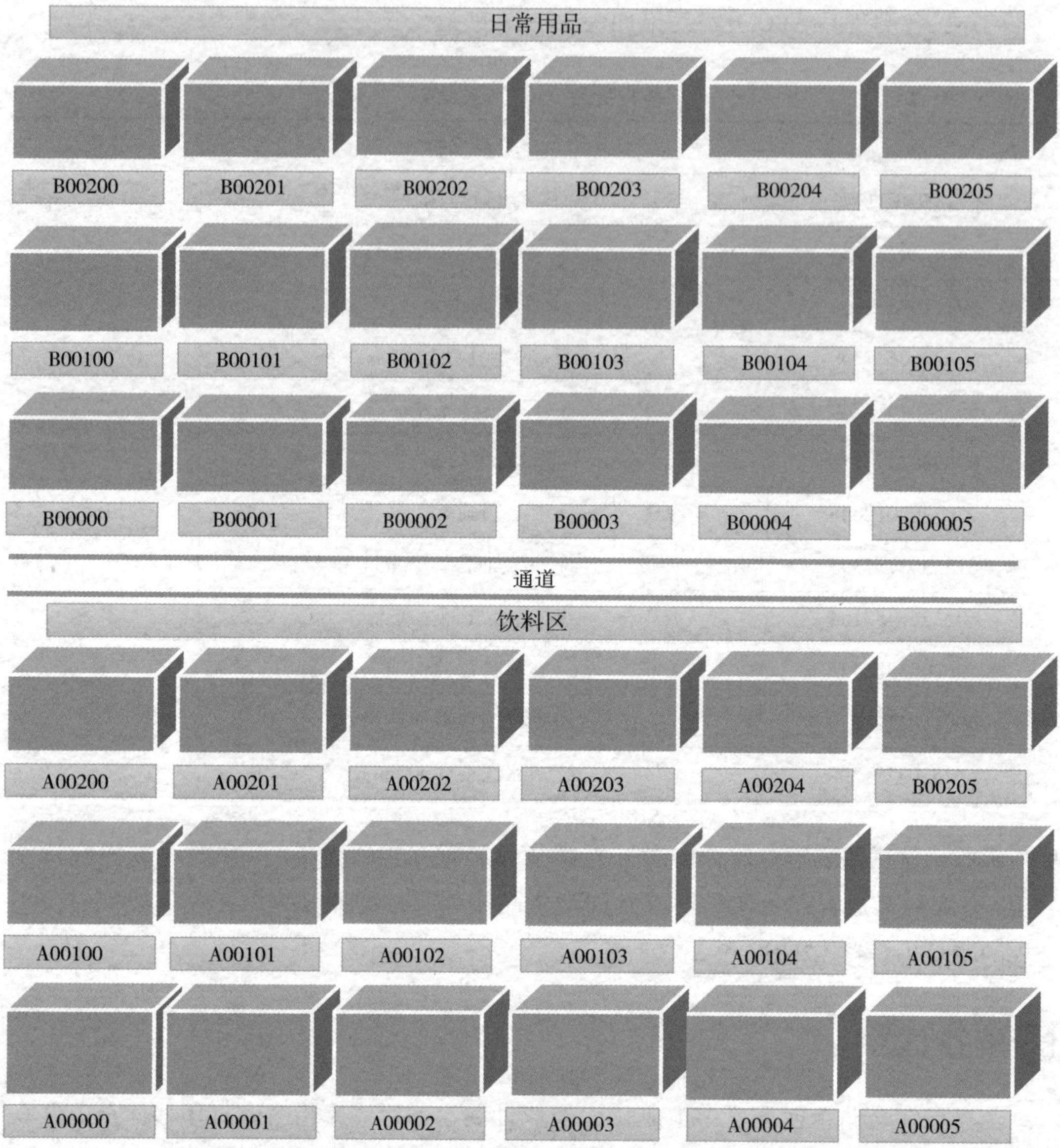

图 5-9-3 托盘货架区储位分配（空）

目标储位信息如表 5-9-2 所示（本表仅为参考答案，只要符合相关原则的空储位均可存放）。

表 5-9-2 货品原储位和目标储位信息（参考）

序号	货品信息	原储位	目标储位
1	清风卷纸（新韧纯品）（10 箱）[20161220]	B00103	B00003
2	清风卷纸（新韧纯品）（10 箱）[20161210]	B00104	B00004
3	冰露矿泉水（5 箱）[20170811]	A00005	A00105

步骤 2：移库指令下达

信息员在系统中生成移库作业计划，下达移库指令。

（1）录入：信息员登录现代物流综合作业系统，点击【移库作业单】，进入移库作业单页面（见图 5－9－4）。点击【新增】（见图 5－9－5），进入移库作业单维护页面。

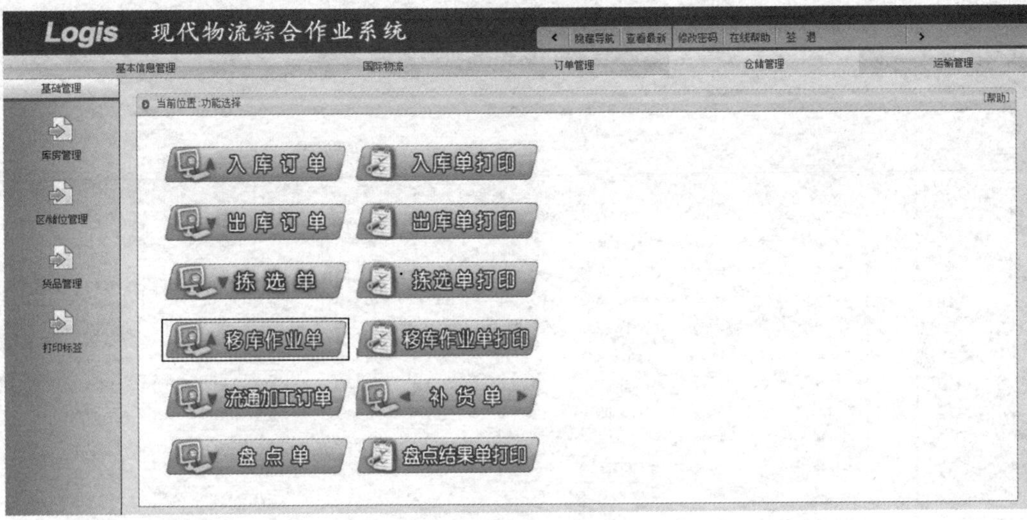

图 5－9－4　点击【移库作业单】

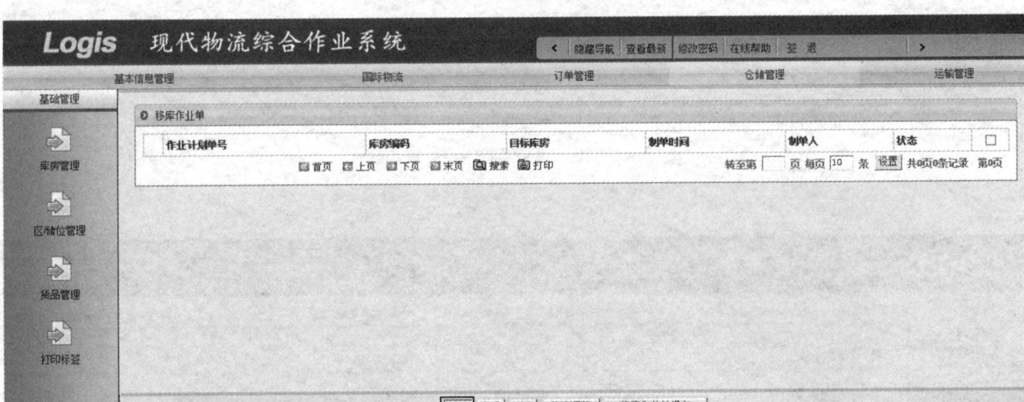

图 5－9－5　点击【新增】

在基本信息中，选择“从库房”和“移至库房”中的对应项，然后在源库位列表中点击“⬆”将待移库货品加入目标储位列表中。在目标储位列表中，为其选择目标储位后，点击【确定】→【保存】（见图 5－9－6），页面跳转至移库作业单列表。

（2）生成计划：点击【移库作业单提交】（见图 5－9－7），页面提示“提交信息：作业计划单提交成功!”（见图 5－9－8），则表示此移库作业指令下达至作业环节。

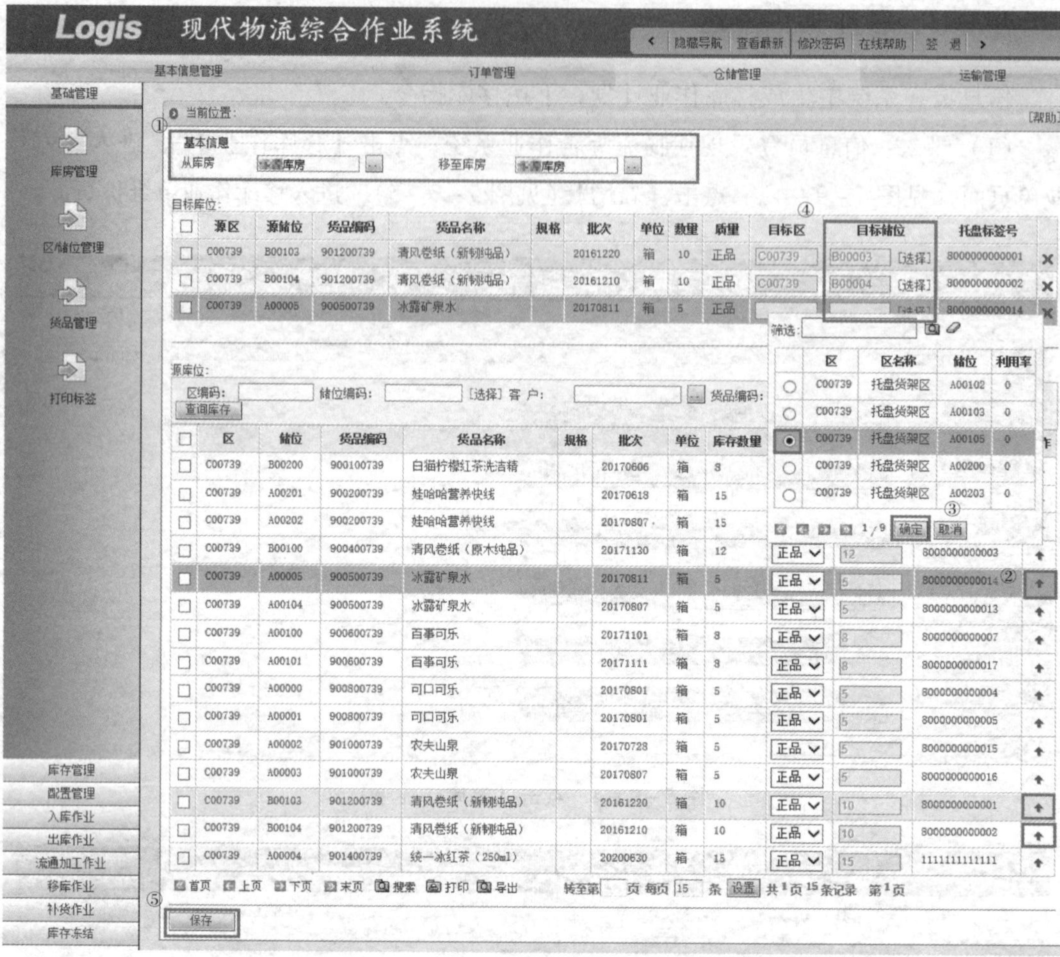

图 5－9－6　移库作业操作步骤

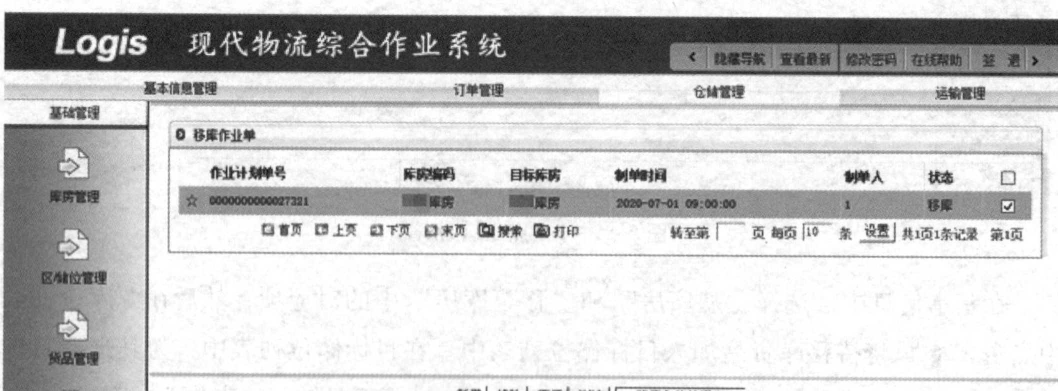

图 5－9－7　点击【移库作业单提交】

图5－9－8　页面提示提交信息

步骤3：移库操作

叉车司机通过手持终端读取指令，驾驶叉车将托盘货品从原储位取出，调整至新储位，并使用手持终端将移库信息同步至仓储管理系统。

叉车司机登录手持仓储作业系统，点击【补货/出库作业】→【移库作业】（见图5－9－9和图5－9－10），进入移库作业页面。

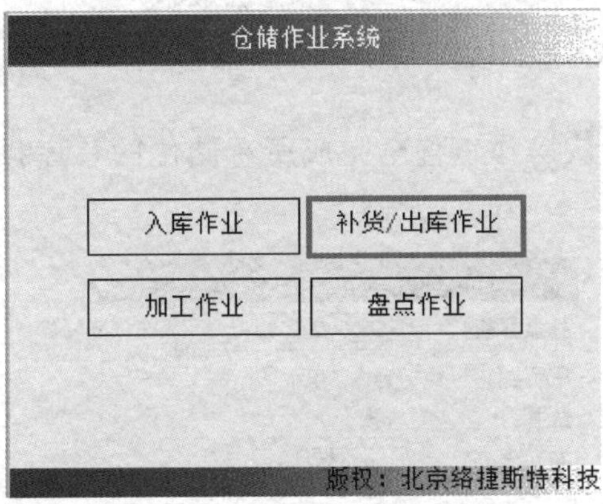

图5－9－9　点击【补货/出库作业】

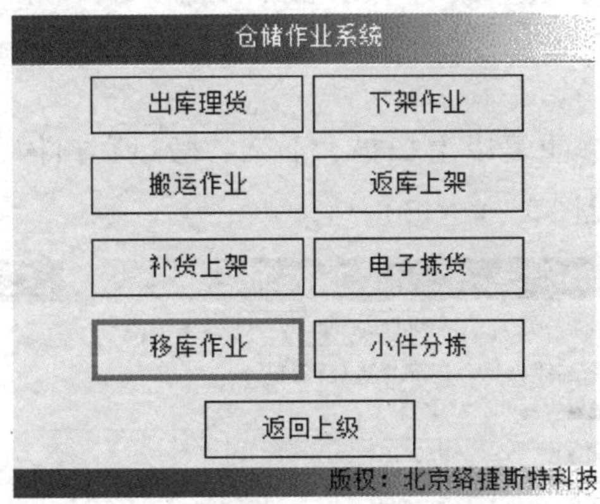

图5－9－10　点击【移库作业】

页面下方显示待移库货品信息，包括托盘标签、源库区－源储位、货品名称、货品数量（见图5－9－11）。

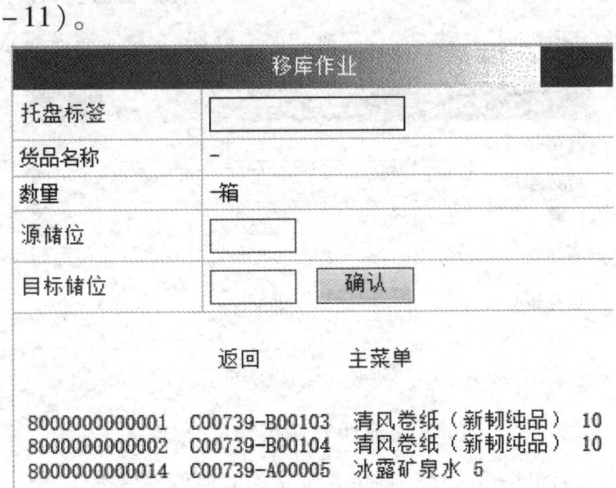

图5－9－11　待移库货品信息

叉车司机扫描托盘标签，系统提示源储位和目标储位信息。叉车司机扫描源储位“B00103”后，将托盘货品下架并搬运至目标储位后，再扫描储位编码“B00003”，点击【确认】，10箱清风卷纸（新韧纯品）的移库操作完成（见图5－9－12）。

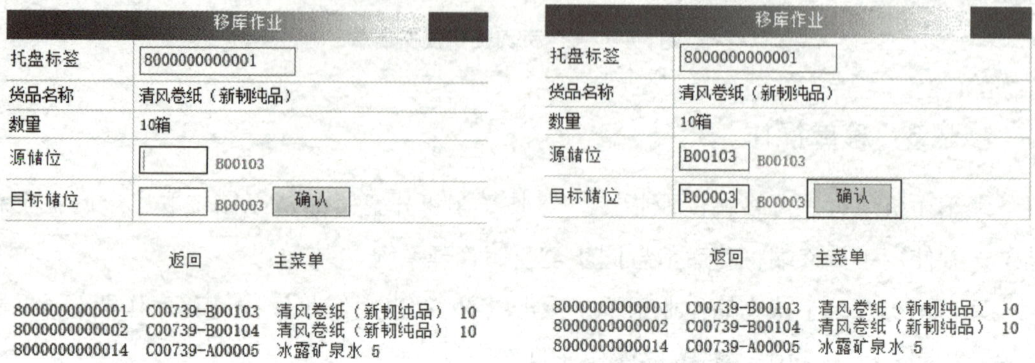

（a）初始界面　　（b）录入信息后界面

图5－9－12　10箱清风卷纸（新韧纯品）移库操作

重复以上扫描、下架、搬运、扫描、确认操作，直至完成所有储位的移库操作（见图5－9－13）。

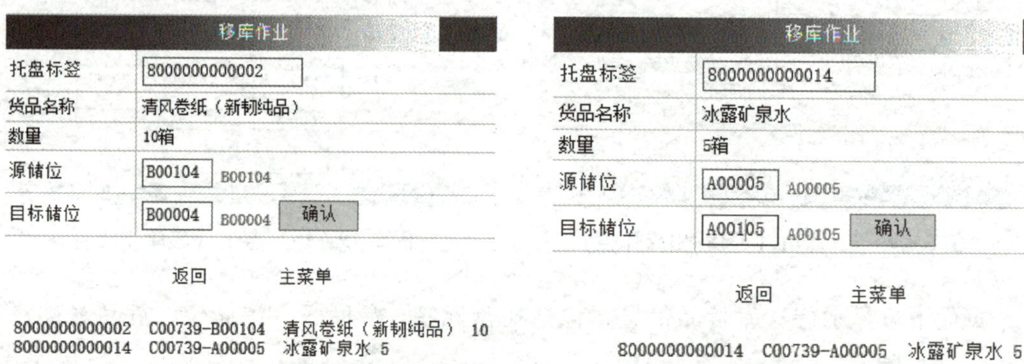

（a）另10箱清风卷纸（新韧纯品）移库操作完成　　（b）5箱冰露矿泉水移库操作完成

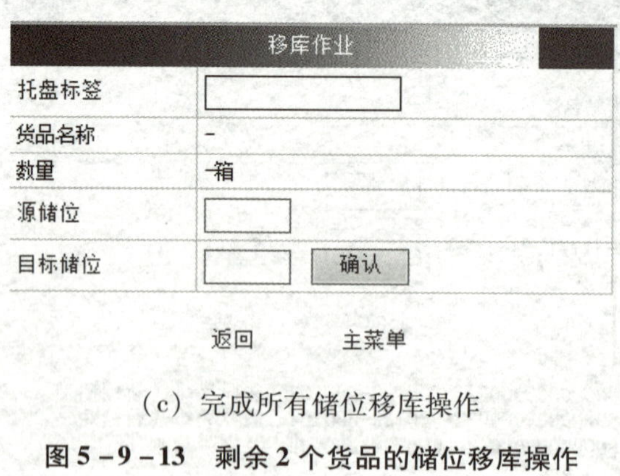

（c）完成所有储位移库操作

图5－9－13　剩余2个货品的储位移库操作

移库完成后的托盘货架区储位分配情况如图 5 – 9 – 14 所示（本图为参考答案，只要符合相关原则的空储位都可以存放）。

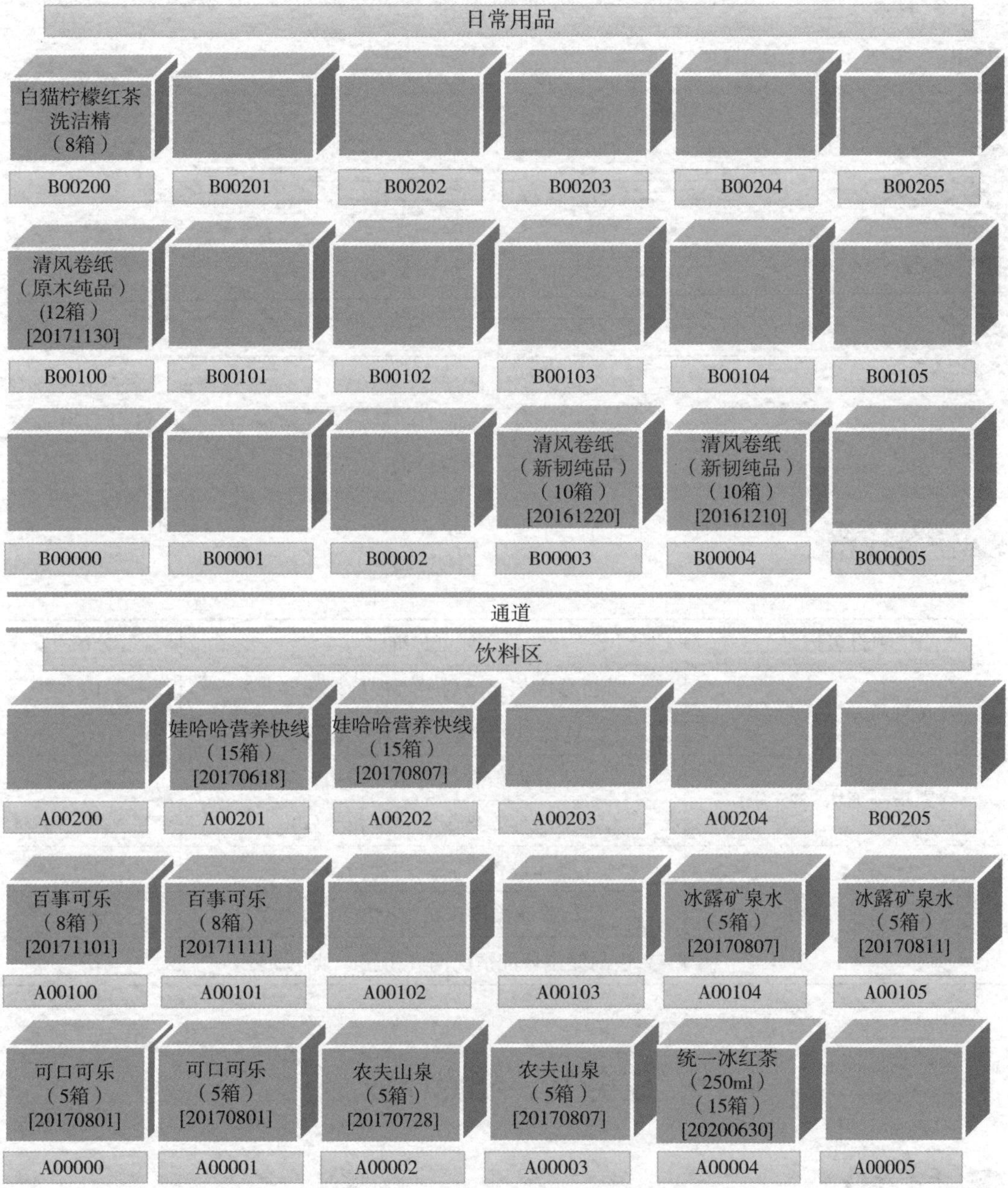

图 5 – 9 – 14　移库完成后的托盘货架区储位分配情况（参考）

此时，信息员通过【仓储管理】→【库存查询】，可以查询到××库房托盘货架区（C00703）中，涉及调整的货品当前的储位情况（见图 5 – 9 – 15）。

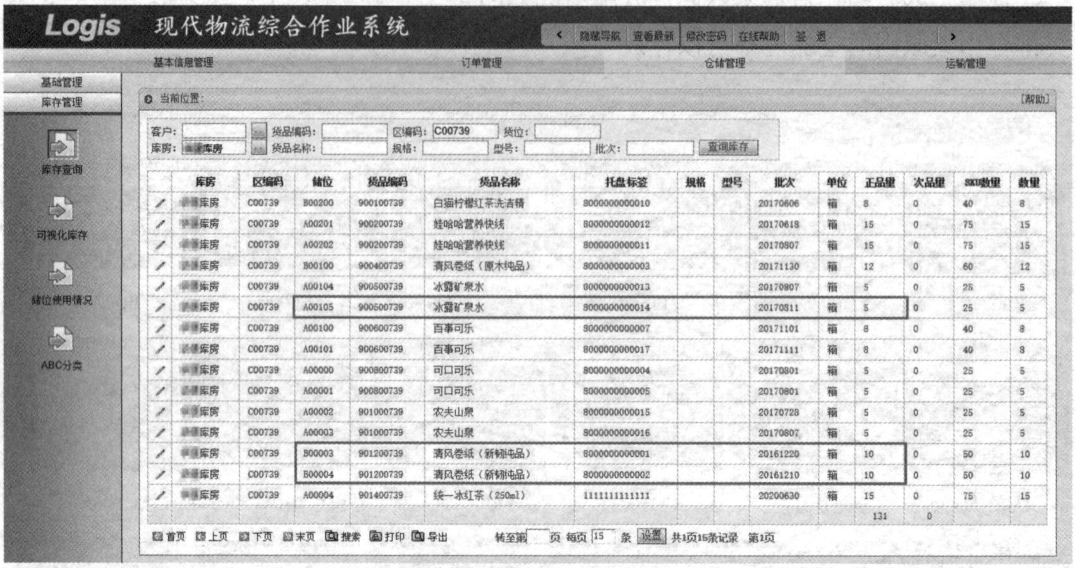

图 5－9－15　储位查询

任务评价

项目名称	评分标准	分值
移库货品分析（20 分）	分析移库依据（每一不准确处扣 5 分）	10
	选择目标储位（错漏扣 10 分）	10
移库指令下达（25 分）	录入移库信息（每错一处扣 5 分）	20
	下达移库指令（错漏扣 5 分）	5
移库操作（55 分）	操作设备（每错一处扣 5 分）	20
	执行移库操作（每错一处扣 10 分）	20
	绘制储位分配情况图（每错一处扣 5 分）	15

任务 10　出库作业

任务目标

1. 能够正确录入出库订单数据，打印出库单。

2. 能够准确生成拣选单，并熟练使用手持终端完成整箱货品和散货的拣选、出库交接操作。

任务资讯

一、货品出库的要求

货品出库要求严格执行各项规章制度，提高服务质量，使用户满意。它包括满足对品种规格的要求、积极与货主联系、为客户提货创造各种方便条件以及杜绝差错事故。货品出库要求做到“三不三核五检查”。

（1）“三不”，即未接单据不翻账，未经审单不备货，未经复核不出库。

（2）“三核”，即在发货时，要核实凭证、核对账卡、核对实物。

（3）“五检查”，即对单据和实物要进行品名检查、规格检查、包装检查、件数检查、重量检查。

二、出库作业的注意事项

（1）当整托出库时，不需要将货品从托盘上搬下，对于非整托出库的，需要把货品从托盘上搬下，并将剩余货品和托盘返库。

（2）拣选出库作业中，把周转箱放在托盘上或手推车上，一般最多码放两层，可根据实际情况调整。

（3）拣选出库时每个周转箱醒目位置都要粘贴客户标签。整箱出库时，在货品包装纸箱醒目处按订单至少粘贴 1 个客户标签。

（4）电子拣选货品只需按客户分类，不需要按货品分装。

（5）根据出库通知单中是否送货的规定，确定出库货品是否送货。

（6）在作业过程中，场地内的所有黄色实线为作业区分界线，人员、设备和货品均不得压线和穿越。

（7）在作业过程中，各种设备只要与该设备使用者在同一区域，且得到合理处置，就允许人车分离及更换使用者。在同一功能区内，可以人工搬运纸箱或周转箱，但不允许人工跨区搬运纸箱或周转箱。

任务描述

2020 年 7 月 2 日 9 时，××集团上海物流中心××库房通过电话收到××超市的出库通知。物流中心主管张某向仓管员许某下达出库订单 1（见图 5－10－1），并要求仓管员按规范完成出库作业。

出库订单1							
客户指令号	010	客户名称		××超市		紧急程度	一般
库房	××库房	出库类型		正常出库		是否送货	否
收货人	SHR01500739	预计出库时间				2020年7月2日10时	
货品条码	货品名称	包装规格	单位	数量		批次	备注
6922266452154	清风卷纸（原木纯品）		箱	10			
6922266437359	清风卷纸（新韧纯品）		卷	3			
6928804013740	冰露矿泉水		瓶	6			

图5-10-1　出库订单1

××库房托盘货架区（C00703）储位分配及库存情况如表5-10-1所示。

表5-10-1　××库房托盘货架区（C00703）储位分配及库存情况

储位	货品编码	货品名称	托盘标签	批次	单位	正品量
B00200	900100739	白猫柠檬红茶洗洁精	8000000000010	20170606	箱	8
A00201	900200739	娃哈哈营养快线	8000000000012	20170618	箱	15
A00202	900200739	娃哈哈营养快线	8000000000011	20170807	箱	15
B00100	900400739	清风卷纸（原木纯品）	8000000000003	20171130	箱	12
A00105	900500739	冰露矿泉水	8000000000014	20170811	箱	5
A00104	900500739	冰露矿泉水	8000000000013	20170807	箱	5
A00100	900600739	百事可乐	8000000000007	20171101	箱	8
A00101	900600739	百事可乐	8000000000017	20171111	箱	8
A00000	900800739	可口可乐	8000000000004	20170801	箱	5
A00001	900800739	可口可乐	8000000000005	20170801	箱	5
A00002	901000739	农夫山泉	8000000000015	20170728	箱	5
A00003	901000739	农夫山泉	8000000000016	20170807	箱	5
B00003	901200739	清风卷纸（新韧纯品）	8000000000001	20161220	箱	10
B00004	901200739	清风卷纸（新韧纯品）	8000000000002	20161210	箱	10
A00004	901400739	统一冰红茶（250ml）	1111111111111	20200630	箱	15

××库房电子拣选货架区（E00739）储位分配及补货点情况如表5-10-2所示。

表 5-10-2 ××库房电子拣选货架区（E00739）储位分配及补货点情况

储位	货品条码	货品名称	品类	数量	补货点	单位	箱装数
A00004	6928804013740	冰露矿泉水	饮料	12	3	瓶	5
A00005	6924882496116	百事可乐	饮料	10	3	瓶	5
A00100	6925303721398	统一冰红茶（500ml）	饮料	15	10	瓶	5
A00101	6928804011173	可口可乐	饮料	10	3	瓶	5
A00102	6920459905012	康师傅冰红茶	饮料	18	3	瓶	5
A00103	6921168509256	农夫山泉	饮料	6	13	瓶	5
A00104	6901285991219	怡宝矿泉水	饮料	10	3	瓶	5
A00105	6922266437359	清风卷纸（新韧纯品）	日用品	10	3	卷	5

任务要求

信息员在仓储管理系统生成作业计划，下达出库指令，打印出库单，并交接到仓库后，由仓库作业人员完成这批货品的拣选与交接。

任务实施

步骤 1：订单录入与打印

（1）录入：信息员登录现代物流综合作业系统，点击【出库订单】（见图 5-10-2），进入出库订单页面。点击【新增】（见图 5-10-3），进入出库订单维护页面。

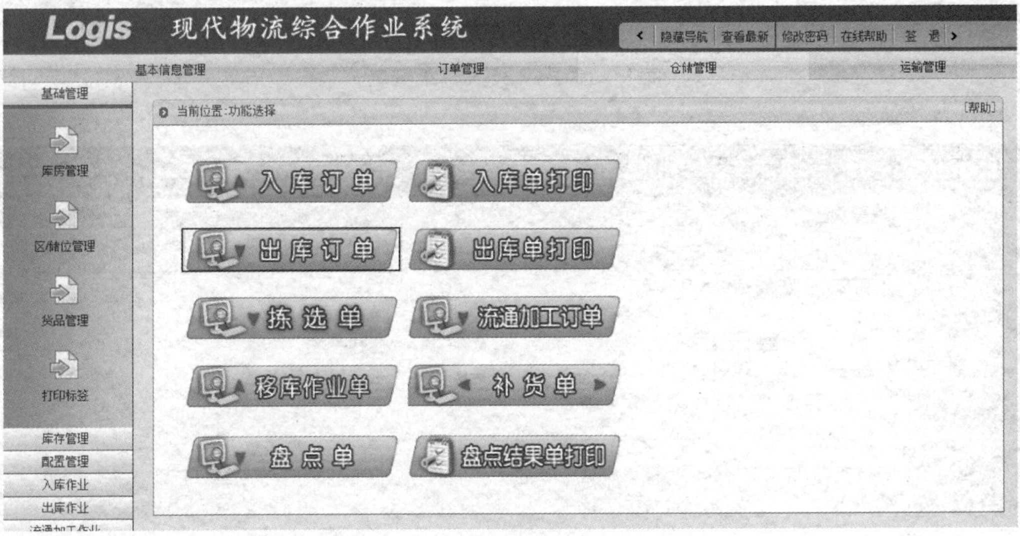

图 5-10-2 点击【出库订单】

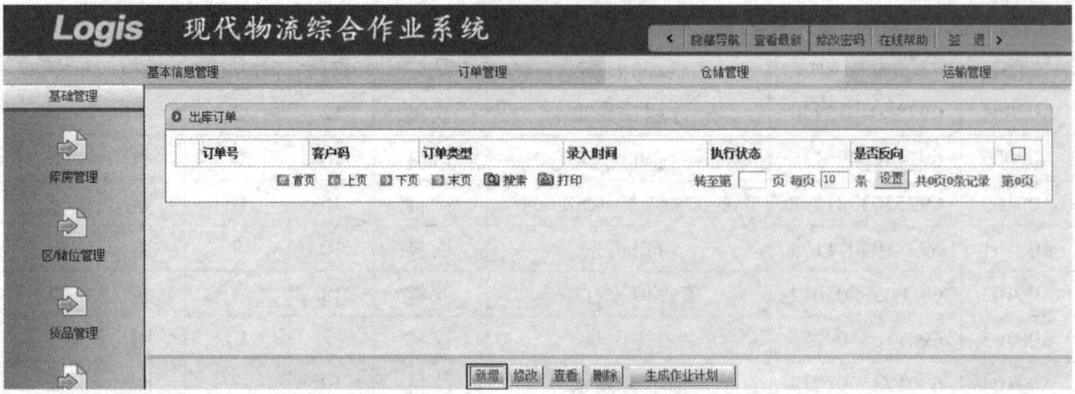

图 5－10－3　点击【新增】

依次根据出库通知单信息，录入订单信息、订单出库信息、订单货品栏的相关信息（见图 5－10－4 至图 5－10－6）。

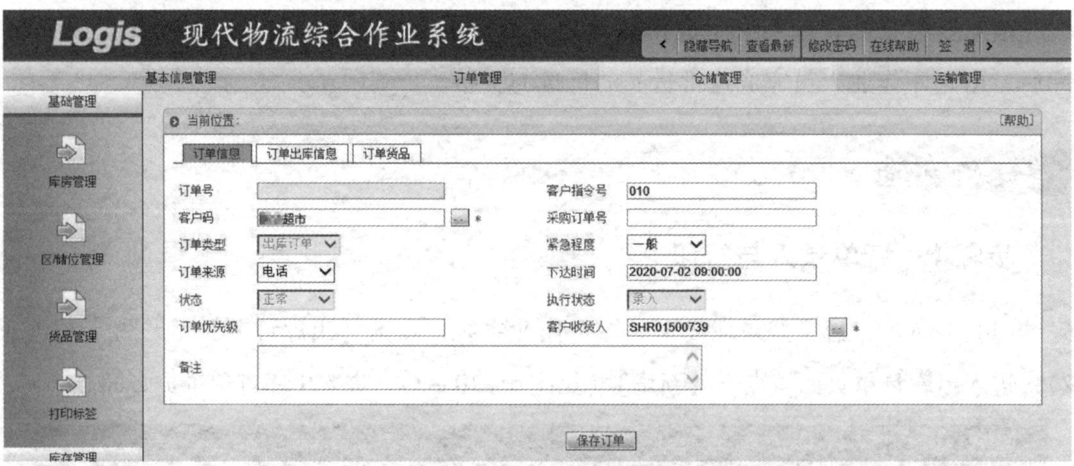

图 5－10－4　录入订单信息

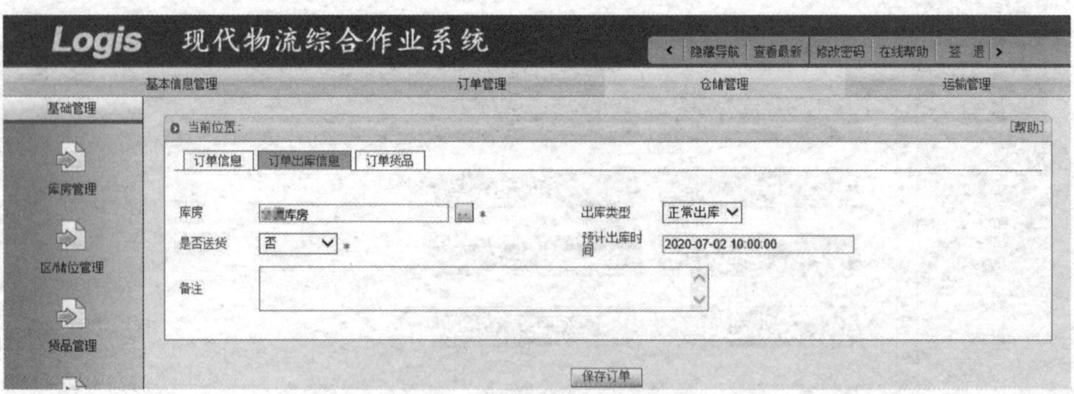

图 5－10－5　录入订单出库信息

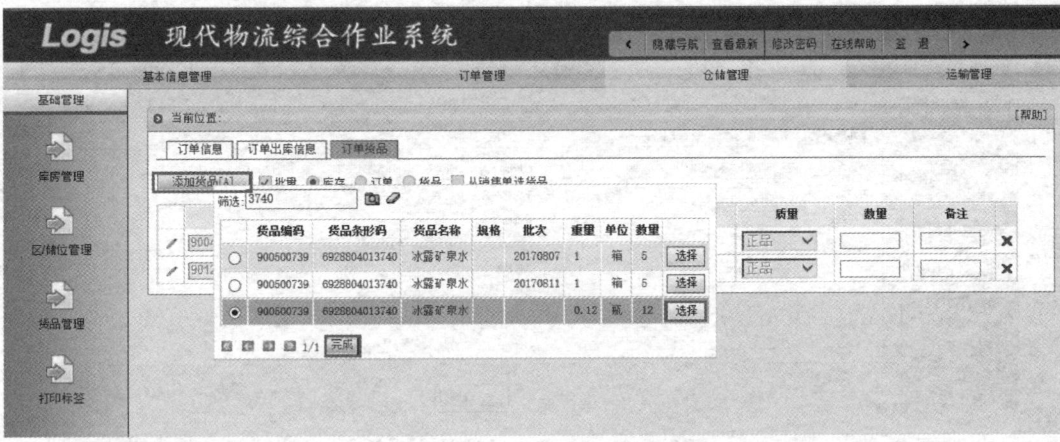

（a）添加货品（以冰露矿泉水为例）

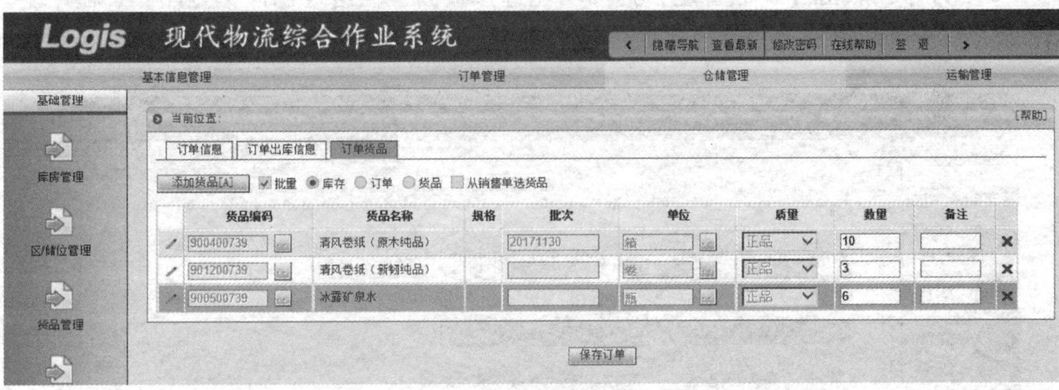

（b）全部货品添加完成

图 5 – 10 – 6　录入订单货品信息

（2）生成作业计划：录入完成后，点击【保存订单】，页面返回至列表界面。点击【生成作业计划】（见图 5 – 10 – 7），在弹出界面审核无误后，点击【确认生成】（见图 5 – 10 – 8），系统指令生成。

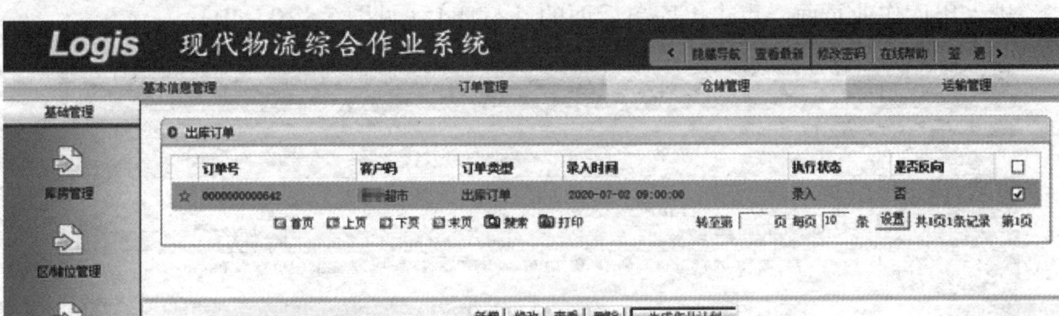

图 5 – 10 – 7　点击【生成作业计划】

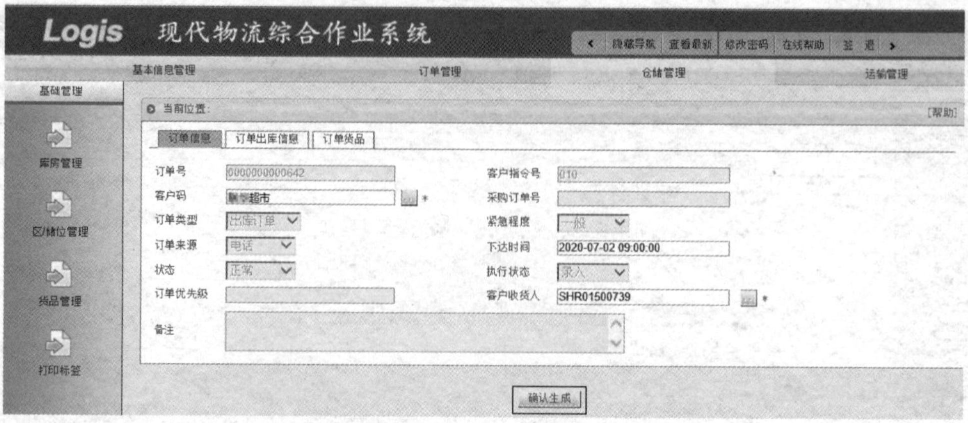

图 5－10－8　点击【确认生成】

（3）打印：点击【仓储管理】返回功能选择页面，点击【出库单打印】（见图 5－10－9）。

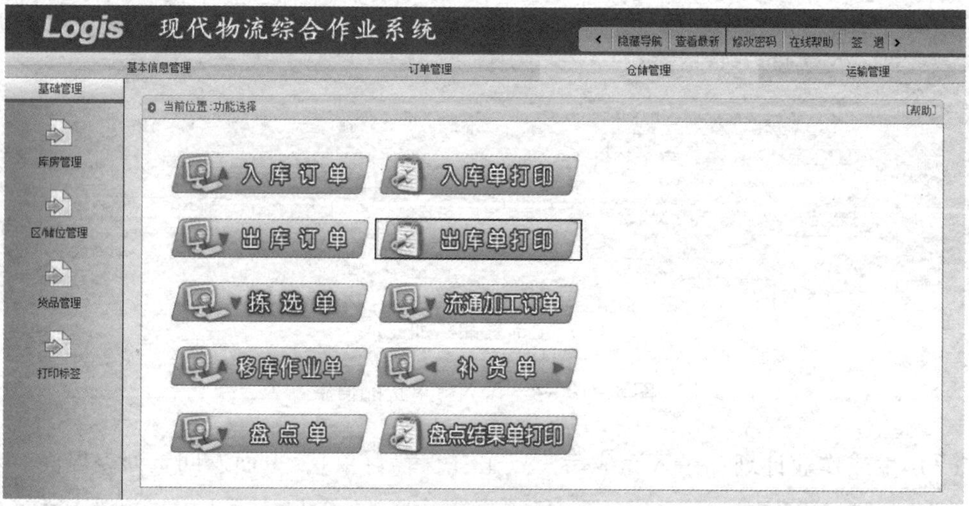

图 5－10－9　点击【出库单打印】

进入出库作业页面，点击出库单后面的【打印】（见图 5－10－10）。

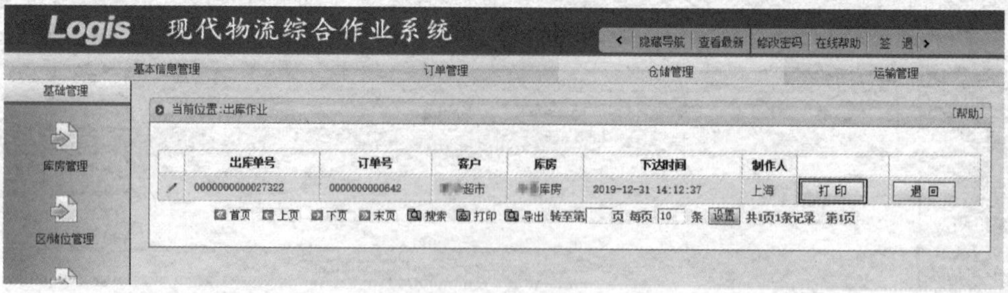

图 5－10－10　点击【打印】

新窗口弹出打印预览界面，点击页面【打印】按钮（见图 5－10－11），打印纸质出库单。

打印

出　库　单

000000000642

库房名称：[illegible]库房　　应出总数：　19.0　　是否送货：否

客户名称：[illegible]超市　　客户指令号:010　　收货人:[illegible]超市（徐汇店）

预计出库时间:2020-07-02

货品名称	货品条码	规格	单位	应出	实出	批号	备注
清风卷纸（原木纯品）	6922266452154		箱	10		20171130	
清风卷纸（新韧纯品）	6922266437359		卷	3			
冰露矿泉水	6928804013740		瓶	6			

信息员(签字)：____________　　仓管员(签字)：____________　　收货人(签字)：____________

第一联（白联）：仓库留存　　第二联（红联）：仓管员留存　　第三联（黄联）：收货人留存

图 5－10－11　打印纸质出库单

信息员签字后将出库单交到仓库后，仓管员根据出库单进行后续整箱出库或拣选出库作业。

步骤 2：整箱货品拣选

（1）生成整箱拣货指令：本任务中，清风卷纸（原木纯品）为整箱出库，信息员登录现代物流综合作业系统，下达整箱拣货指令。

信息员登录现代物流综合作业系统，点击【拣选单】（见图 5－10－12），页面进入拣选单页面。点击【新增】（见图 5－10－13），进入订单维护页面。

选择库房后，待调度订单列表会显示已生成作业计划的出库单，勾选后点击【加入调度】，已调度订单列表即显示该条订单信息（见图 5－10－14）。

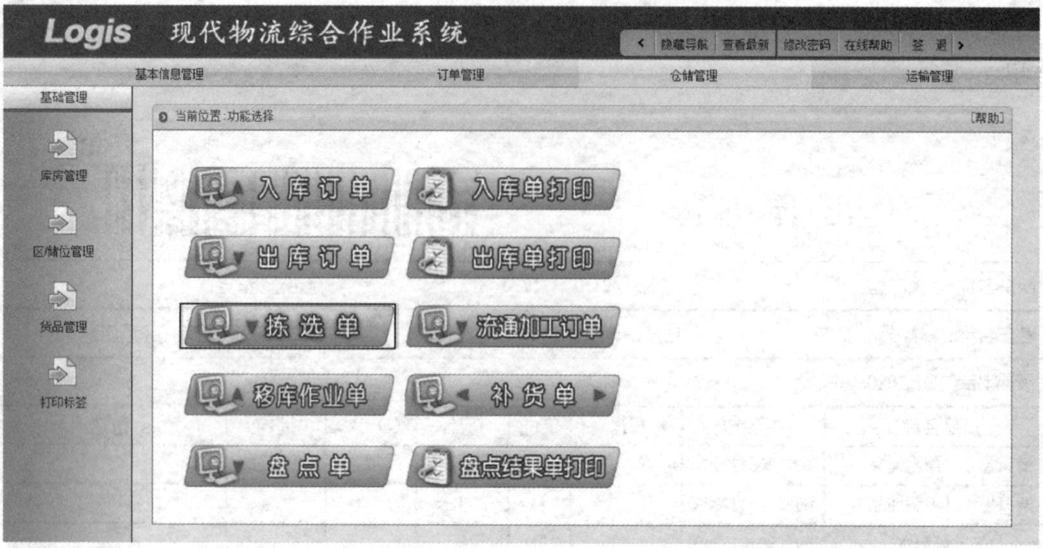

图 5-10-12　点击【拣选单】

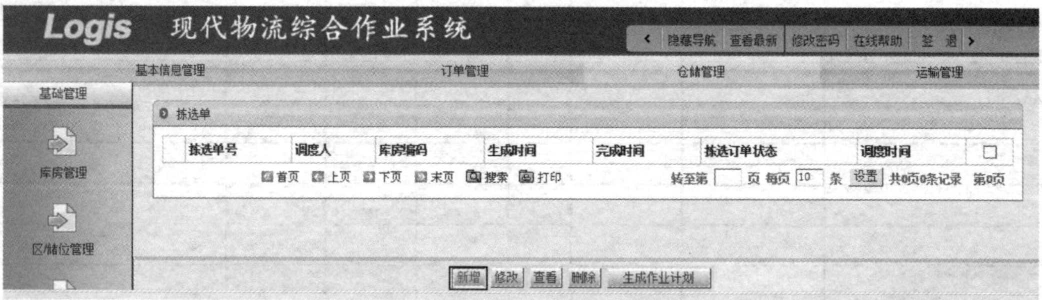

图 5-10-13　点击【新增】

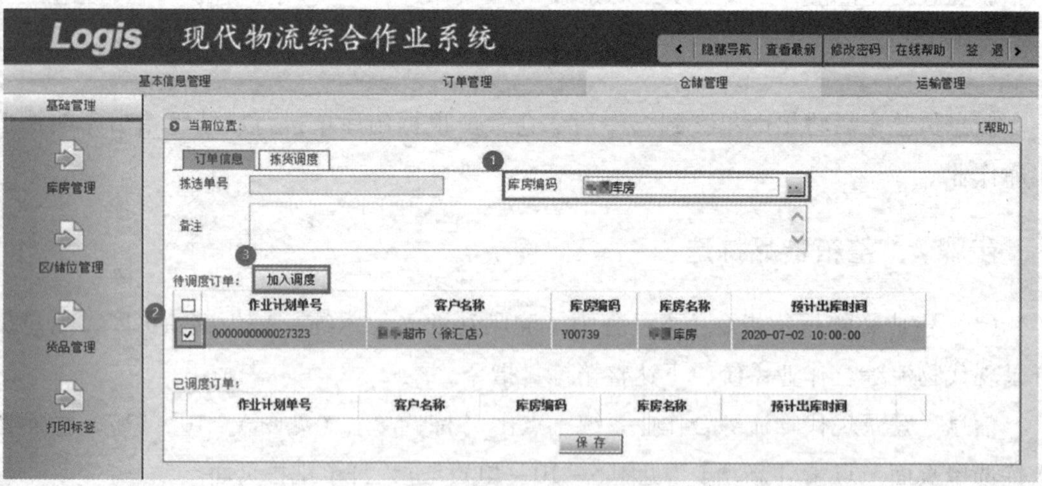

(a) 导入出库单

图 5-10-14　拣货订单调度

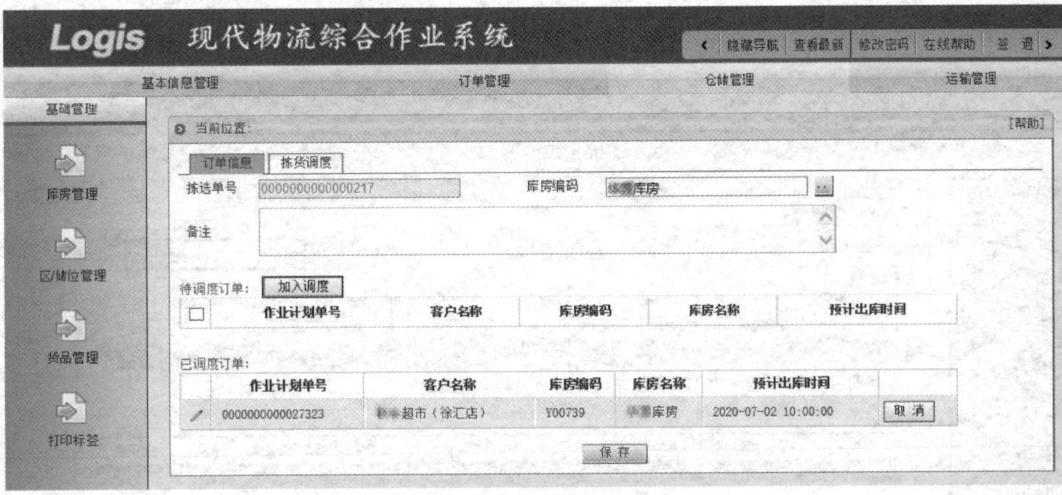

（b）导入成功

图 5－10－14　拣货订单调度（续）

点击待拣选结果列表记录右侧的【库存】，下方的库存列表中显示该货品的库存信息，选中该条库存信息，在右上方填写数量后点击【拣选调度】，拣选调度完毕的货品会在“已拣货结果：”列表显示信息。如果有多个拣选调度任务，循环操作，直至完成所有待拣货调度。

10 箱清风卷纸（原木纯品）拣货调度操作步骤如图 5－10－15 所示。

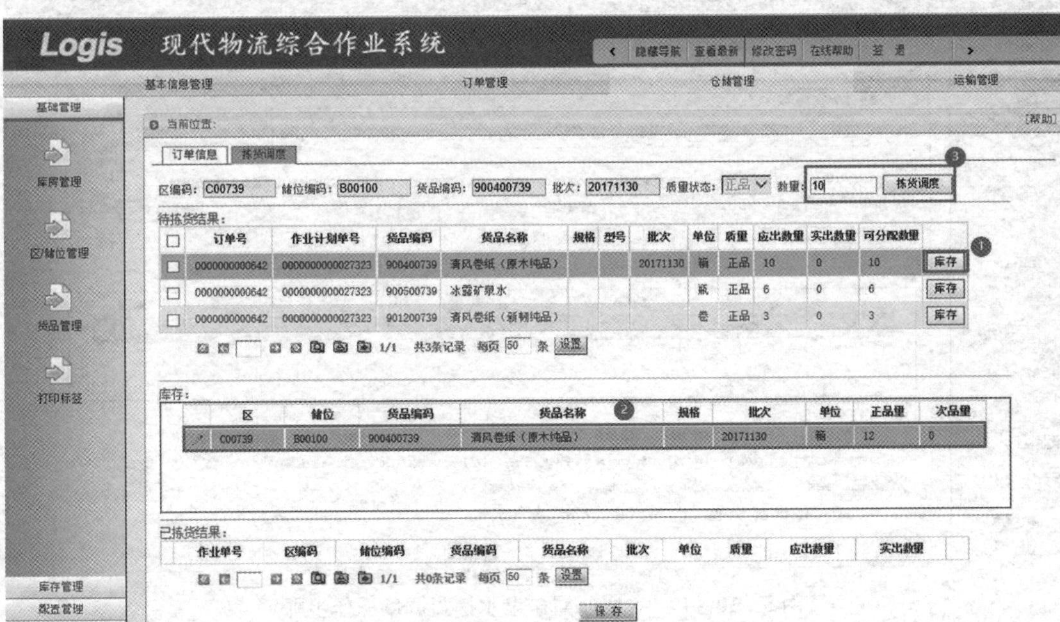

图 5－10－15　10 箱清风卷纸（原木纯品）拣货调度操作步骤

3卷清风卷纸（新韧纯品）拣货调度操作步骤如图5－10－16所示。

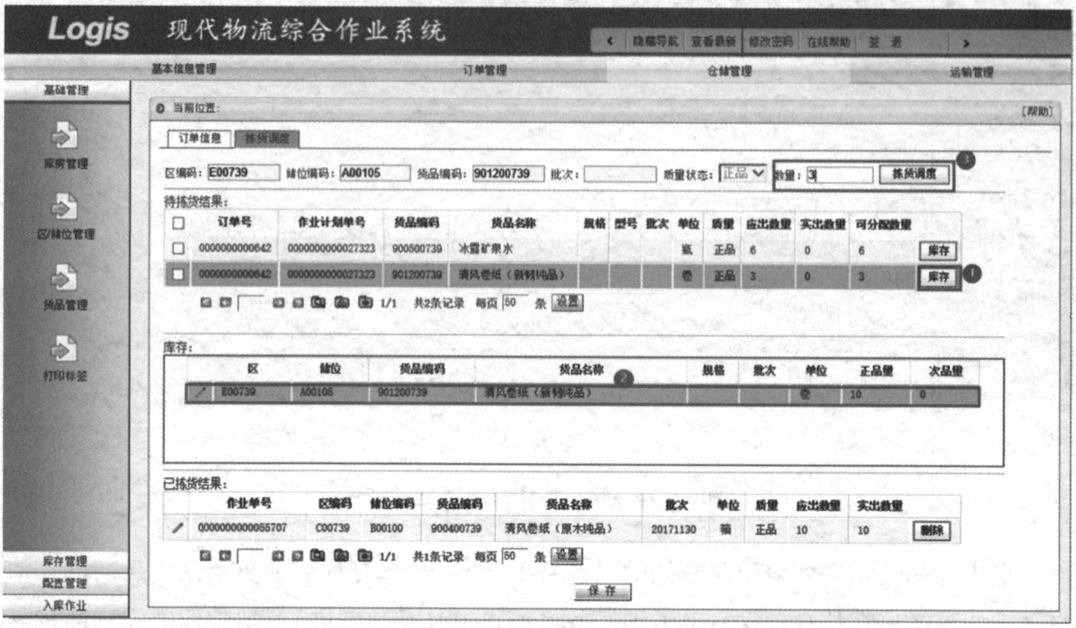

图5－10－16　3卷清风卷纸（新韧纯品）拣货调度操作步骤

6瓶冰露矿泉水拣货调度操作步骤如图5－10－17所示。

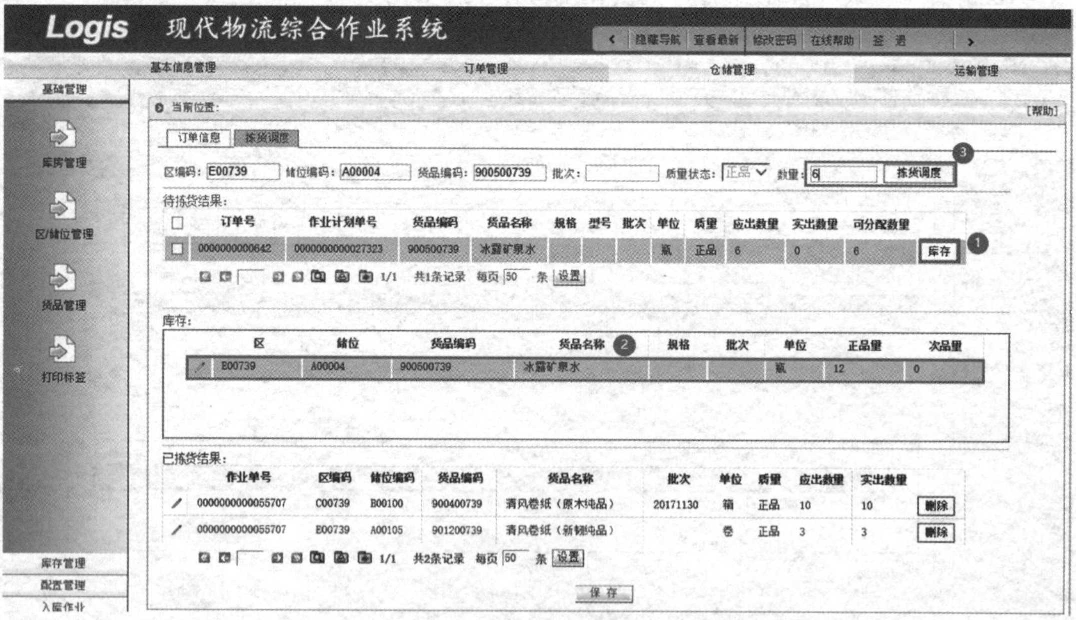

图5－10－17　6瓶冰露矿泉水拣货调度操作步骤

所有货品已拣货完成，点击【保存】（见图5－10－18）。

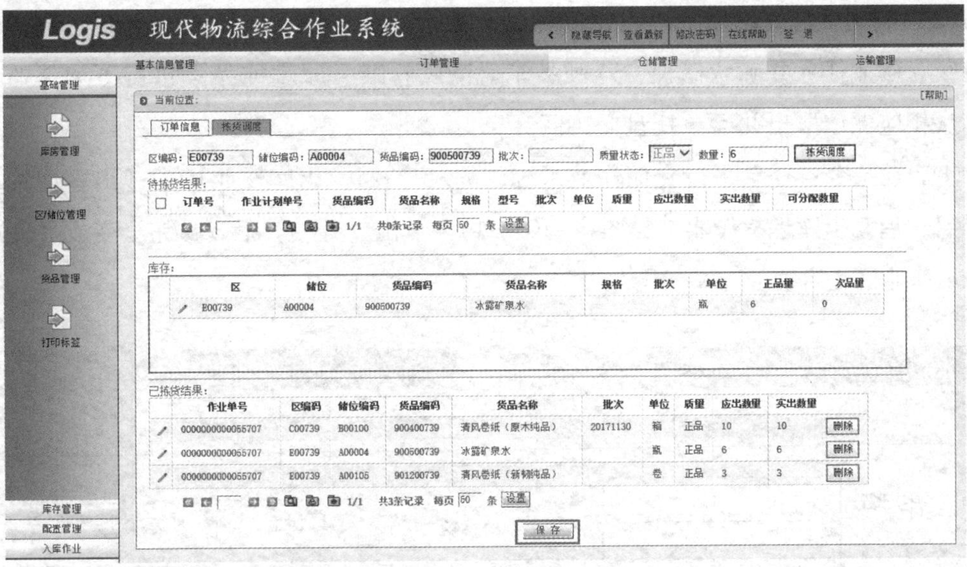

图 5－10－18　拣货完成后点击【保存】

在拣选单页面，勾选新增的拣选单后，点击【生成作业计划】，订单信息及拣货调度信息确认无误后，点击【调度完成】（见图 5－10－19 和图 5－10－20）。

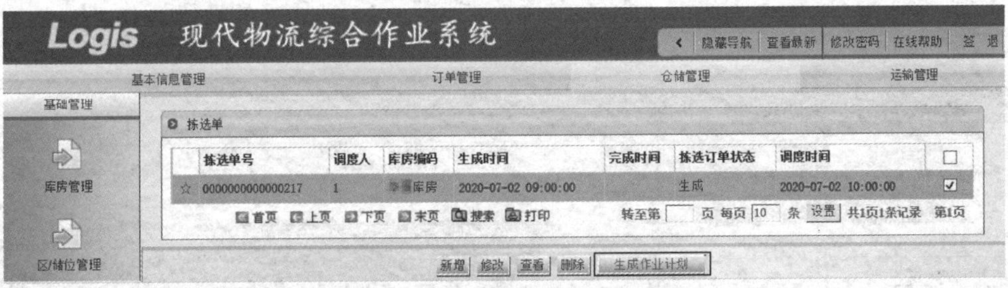

图 5－10－19　点击【生成作业计划】

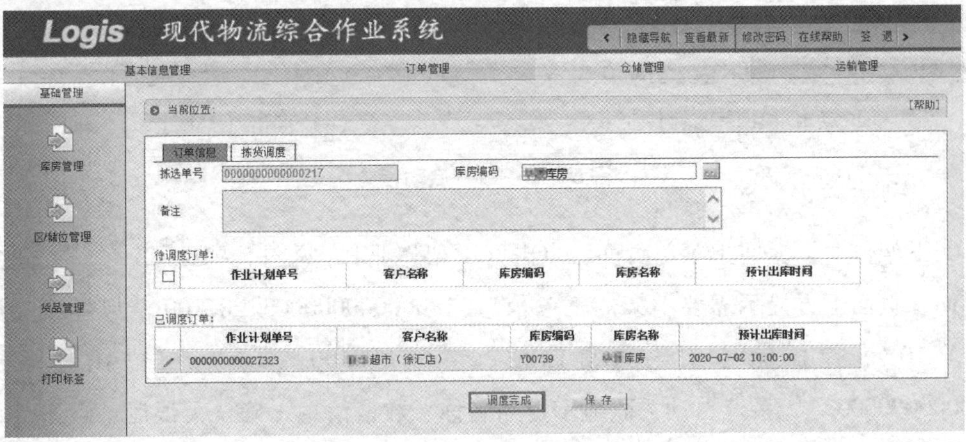

图 5－10－20　点击【调度完成】

（2）利用手持终端设备进行出库下架、搬运、分拣操作：叉车司机利用手持终端设备获取作业任务并确认储位，驾驶叉车对清风卷纸（原木纯品）进行下架作业，将货品从相应储位取出并运至托盘交接区。

①启动指令：登录手持仓储作业系统，进入【补货/出库作业】→【出库理货】→【开始】，启动出库理货作业（见图5-10-21）。点击【开始】后，按钮会变成【完成】，这表示作业已经启动。

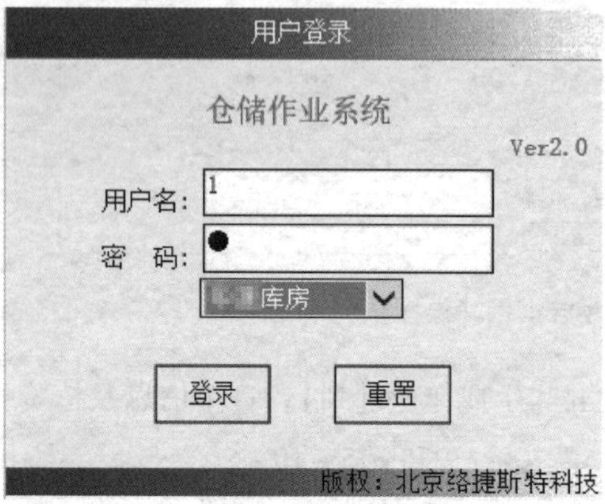

（a）登录系统

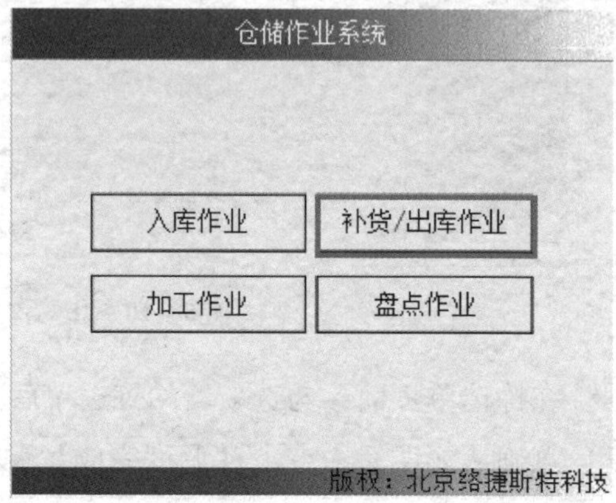

（b）点击【补货/出库作业】

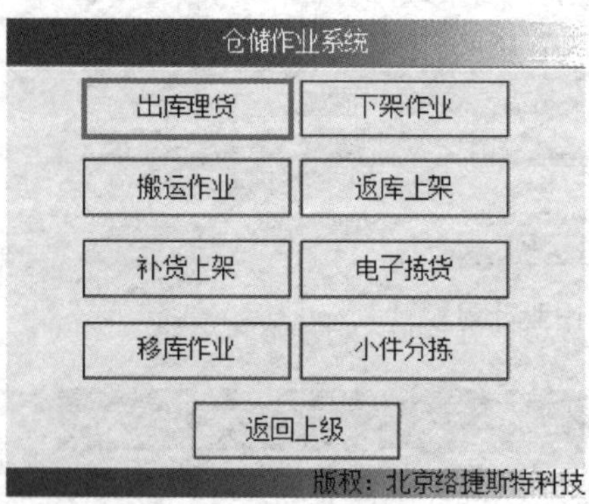

（c）点击【出库理货】

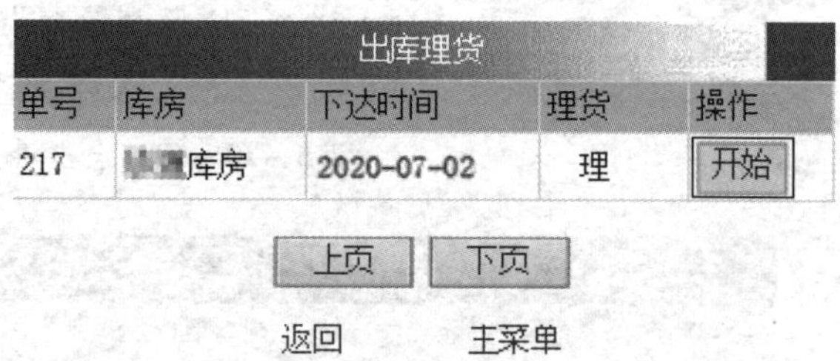

（d）点击【开始】

图5-10-21　启动指令

②下架作业：返回主菜单页面，点击【下架作业】［见图5-10-22（a）］进入操作界面，页面下方显示需要下架的任务信息“8000000000003 B00100 清风卷纸（原木纯品）10”。扫描储位条码获得储位标签“B00100”，然后扫描托盘标签号“8000000000003”，系统自动关联显示货品名称、数量信息，确认无误后，点击【确认下架】完成下架操作［见图5-10-22（b）］。

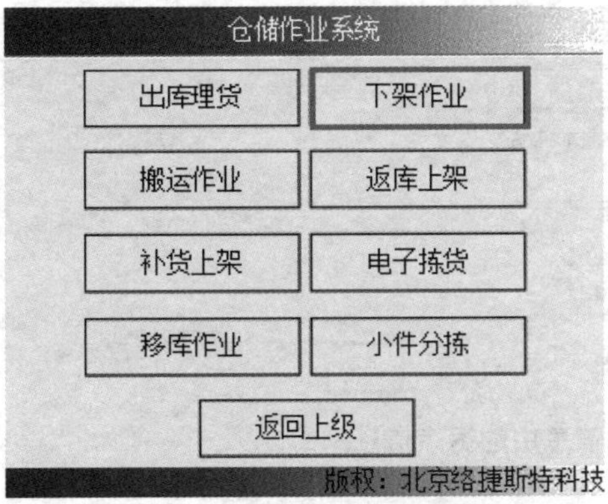

(a) 点击【下架作业】

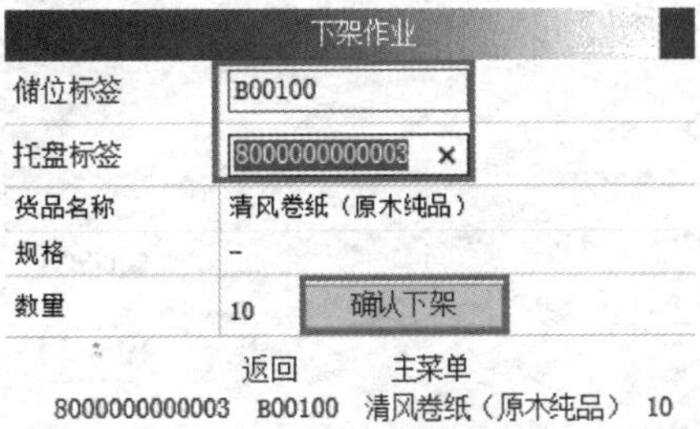

(b) 点击【确认下架】

图 5－10－22　下架作业

如果有多个下架任务，则循环操作，直至把所有待下架任务完成。这里只有B00100一个储位的下架任务，所以执行一次后点击【返回】，页面回至功能选择界面。

③搬运作业：点击【搬运作业】，进入操作界面，页面下方显示需要搬运的任务信息“8000000000003 清风卷纸（原木纯品）”。扫描托盘标签号“8000000000003”，系统自动关联显示该托盘上的货品名称、数量及到达地点信息，确认无误后，点击【确认搬运】完成搬运操作（见图 5－10－23）。

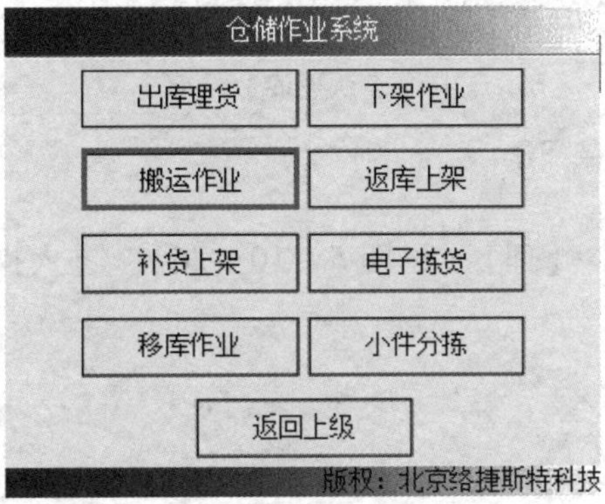

(a) 点击【搬运作业】

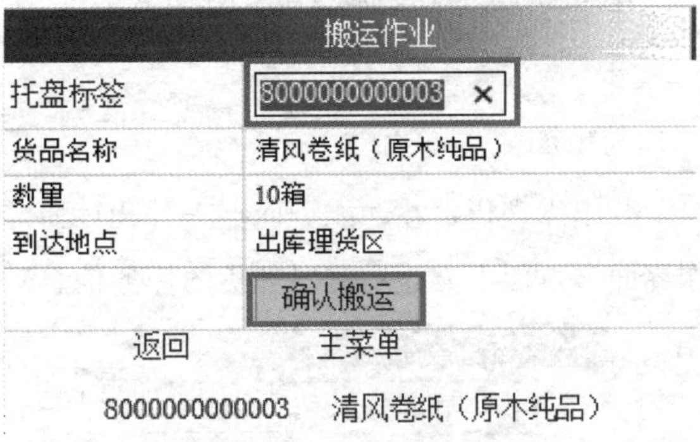

(b) 点击【确认搬运】

图 5－10－23　搬运作业

如果有多个搬运任务，则循环操作，直至把所有待搬运任务完成。这里只有一个“清风卷纸（原木纯品）”任务，所以执行一次后点击【返回】，页面回至功能选择界面。

④返库上架：点击确认后，页面下方的出库信息后面多了“返库”两个字（见图 5－10－24），这说明是整箱散托出库，这时还需要进行返库上架操作，将剩余的货品连同托盘返回到托盘货架区。

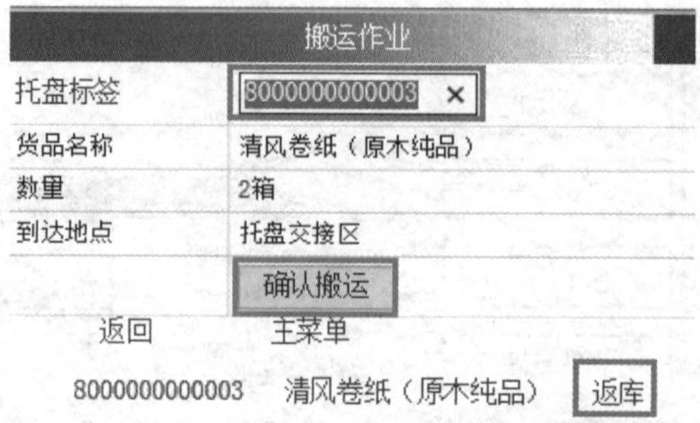

图 5－10－24　出库信息中的返库信息

扫描需要返库上架的托盘标签号“8000000000003”，系统自动显示出需要返库上架的货品的信息及需要上架的储位。扫描系统分配区储位“B00100”，点击【确认返库】完成上架操作（见图 5－10－25）。

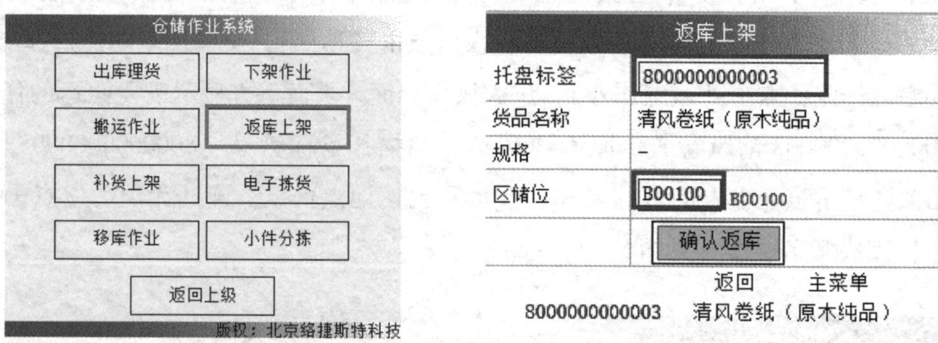

（a）点击【返库上架】　　（b）点击【确认返库】

图 5－10－25　返库上架操作

⑤出库理货：在功能页面点击【出库理货】→【理】（见图 5－10－26），进入操作界面，页面下方显示需要理货的任务信息。

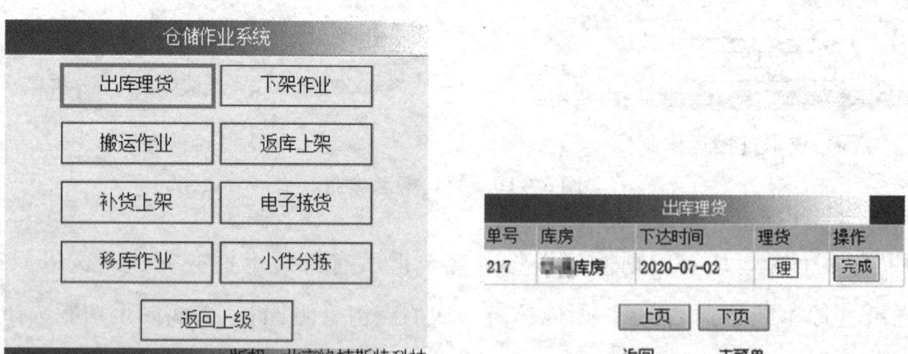

（a）点击【出库理货】　　（b）点击【理】

图 5－10－26　出库理货操作

点击页面托盘标签“8000000000003”，系统自动关联显示货品名称、批号、当前出量的信息，确认无误后，点击【保存结果】，页面显示“货品理货成功！本出库单已理货：1 托盘”（见图 5－10－27）。

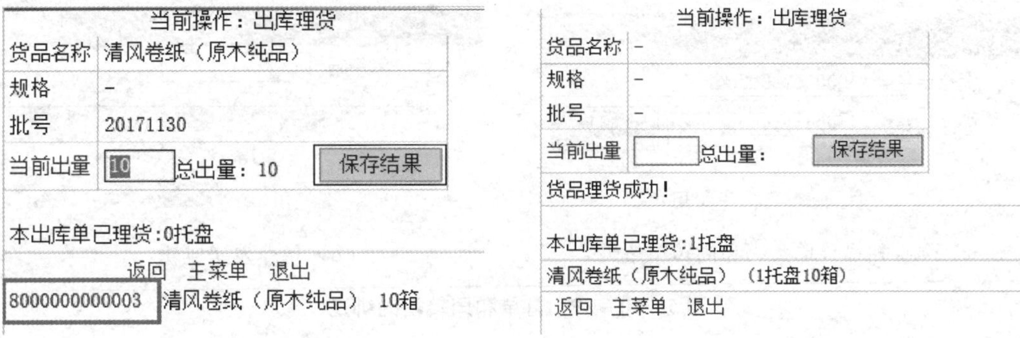

（a）点击页面托盘标签　　　　（b）理货成功

图 5－10－27　出库理货（整箱货物）

（3）整箱货品待发运。仓管员利用托盘搬运车将清风卷纸（新韧纯品）运至发货区，在货品包装纸箱醒目处按订单至少粘贴 1 个“××超市”客户标签，验收后将签好字的出库单交给客户。

步骤 3：散货拣选

本任务中，清风卷纸（新韧纯品）和冰露矿泉水为散货，需要经过电子拣选作业。

操作员登录手持仓储作业系统点击【补货/出库作业】→【电子拣货（见图 5－10－28）】，进入操作页面（正常情况下，需要点击【出库理货】→【开始】按钮，启动理货指令。但在本任务的整托货品拣选中已经启动过，所以这里不需要再点击）。

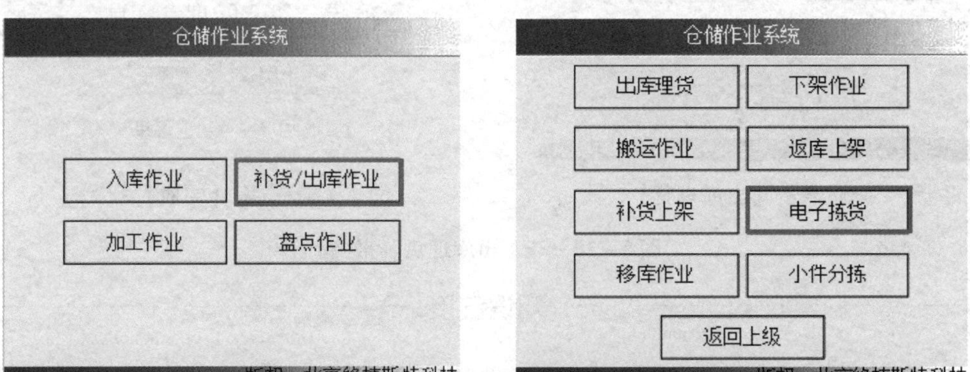

（a）点击【补货/出库作业】　　　　（b）点击【电子拣货】

图 5－10－28　进入操作页面

操作员分别扫描订单条码和周转箱条码，点击【确认】按钮，完成订单和周转箱的绑定页面提示指令发送成功（见图 5－10－29）。此时，电子标签的指示灯被点亮，上面会显示相应货品的出库数量。

（a）扫描订单条码和周转箱条码　　（b）指令发送成功

图 5－10－29　订单和周转箱的绑定

操作员拿着周转箱到相应的电子拣选货架，根据指示灯显示的数量将货品从货架拣选至周转箱，拣选完成后用手按灭对应的电子标签。当所有拣选任务完成后，指示器上的绿灯会闪烁，操作员用手按灭即可。

操作员在周转箱醒目位置粘贴客户标签，然后把周转箱放在托盘或手推车上，将托盘或手推车搬运到发货区，并在手持终端设备上登录系统，点击【出库理货】，进入操作页面点击【完成】，至此散货拣选作业完成（见图 5－10－30）。

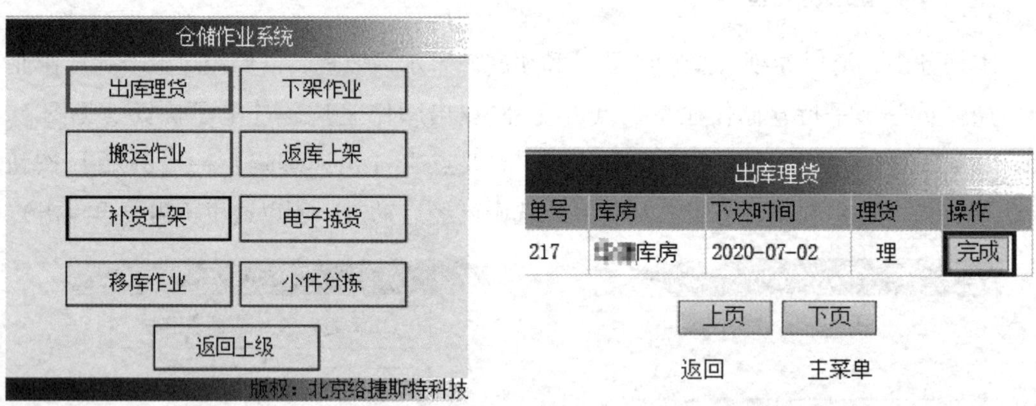

（a）点击【出库理货】　　（b）点击【完成】

图 5－10－30　出库理货（散货）

知识链接

电子拣选作业的仓储系统操作与整托货品操作一致，需经过出库订单录入、生成出库作业计划、出库单打印、新增拣选单。二者的区别在于手持终端设备的具体操作。

步骤 4：出库交接

出库货品验收完毕后，在出库单的备注上注明情况，仓管员需在“仓管员（签字）”处签字，同时要求收货人在“收货人（签字）”处签字（见图 5－10－31），仓管员将第三联（黄联）交给收货人。

出 库 单

0000000000642

库房名称:■■库房　　应出总数:　19.0　　是否送货：否

客户名称:■■超市　　客户指令号:010　　收货人:■■超市（徐汇店）

预计出库时间:2020-07-02

货品名称	货品条码	规格	单位	应出	实出	批号	备注
清风卷纸（原木纯品）	6922266452154		箱	10		20171130	
清风卷纸（新韧纯品）	6922266437359		卷	3			
冰露矿泉水	6928804013740		瓶	6			

信息员(签字)：XXX　　仓管员(签字)：XXX　　收货人(签字)：XXX

第一联（白联）：仓库留存　　第二联（红联）：仓管员留存　　第三联（黄联）：收货人留存

图 5－10－31　出库单

仓管员完成出库订单 1 后，××库房托盘货架区（C00703）储位分配及库存情况如表 5－10－3 所示。

表 5－10－3　　××库房托盘货架区（C00703）储位分配及库存情况

储位	货品编码	货品名称	托盘标签	批次	单位	正品量
B00200	900100739	白猫柠檬红茶洗洁精	8000000000010	20170606	箱	8
A00201	900200739	娃哈哈营养快线	8000000000012	20170618	箱	15
A00202	900200739	娃哈哈营养快线	8000000000011	20170807	箱	15
B00100	900400739	清风卷纸（原木纯品）	8000000000003	20171130	箱	2
A00105	900500739	冰露矿泉水	8000000000014	20170811	箱	5
A00104	900500739	冰露矿泉水	8000000000013	20170807	箱	5

续 表

储位	货品编码	货品名称	托盘标签	批次	单位	正品量
A00100	900600739	百事可乐	8000000000007	20171101	箱	8
A00101	900600739	百事可乐	8000000000017	20171111	箱	8
A00000	900800739	可口可乐	8000000000004	20170801	箱	5
A00001	900800739	可口可乐	8000000000005	20170801	箱	5
A00002	901000739	农夫山泉	8000000000015	20170728	箱	5
A00003	901000739	农夫山泉	8000000000016	20170807	箱	5
B00003	901200739	清风卷纸（新韧纯品）	8000000000001	20161220	箱	10
B00004	901200739	清风卷纸（新韧纯品）	8000000000002	20161210	箱	10
A00004	901400739	统一冰红茶（250ml）	1111111111111	20200630	箱	15

仓管员完成出库订单 1 后，××库房电子拣选货架区（E00739）储位分配及补货点情况如表 5－10－4 所示。

表 5－10－4　××库房电子拣选货架区（E00739）储位分配及补货点情况

储位	货品条码	货品名称	品类	数量	补货点	单位	箱装数
A00004	6928804013740	冰露矿泉水	饮料	6	3	瓶	5
A00005	6924882496116	百事可乐	饮料	10	3	瓶	5
A00100	6925303721398	统一冰红茶（500ml）	饮料	15	10	瓶	5
A00101	6928804011173	可口可乐	饮料	10	3	瓶	5
A00102	6920459905012	康师傅冰红茶	饮料	18	3	瓶	5
A00103	6921168509256	农夫山泉	饮料	6	13	瓶	5
A00104	6901285991219	怡宝矿泉水	饮料	10	3	瓶	5
A00105	6922266437359	清风卷纸（新韧纯品）	日用品	7	3	卷	5

任务评价

项目名称	评分标准	分值
订单录入与打印（15 分）	录入系统数据（每错一处扣 1 分）	5
	生成作业计划（未生成扣 5 分）	5
	打印出库单（错漏扣 5 分）	5
整箱货品拣选（30 分）	录入拣选单（每错一处扣 2 分）	10
	执行拣选操作（每错一处扣 2 分）	10
	粘贴纸箱标签（每错一处扣 2 分）	10

续 表

项目名称	评分标准	分值
散货拣选（30 分）	拣选货品（每错一处扣 2 分）	10
	拍灭指示灯（每错漏一处扣 2 分）	10
	粘贴周转箱标签（每错一处扣 2 分）	10
出库交接（25 分）	填制出库单据（每错一处扣 5 分）	15
	操作设备、搬运纸箱（每碰撞或掉落一次扣 2 分）	10

任务 11 补货作业

任务目标

1. 能够正确分析补货信息。
2. 能够准确生成补货作业计划。
3. 能够熟练使用手持终端完成货品补货下架与上架操作。

任务资讯

一、补货方式

1. 整箱补货方式

整箱补货是以整件货为单位进行补货，是由货架保管区补货到动管区。拣货员从动管区把货品拣出至发货区，当动管区的存货低于设定标准时，需立即补货，即由作业员到货架保管区取下整箱货，运至动管区，并补货入位。这种补货方式较适合于体积小且少量多样出货的货品。

2. 托盘补货方式

托盘补货是以托盘为单位进行补货，是由地板堆放保管区补货到地板堆放动管区。作业员从地板堆放动管区把托盘货品运至发货区，当地板堆放动管区存货量低于设定标准时，需立即补货，即由作业员把托盘货品由地板堆放保管区运到地板堆放动管区，并补货入位。这种补货方式适合于体积大或出货量多的货品。

3. 货架上层—货架下层补货方式

货架上层—货架下层补货方式的保管区与动管区属于同一货架，也就是将同一货架上的中下层作为动管区，上层作为保管区，而进货时则将动管区放不下的多余货箱放到上层保管区。当动管区的存货低于设定标准时，将上层保管区的货品搬至下层动管区。这种补货方式适合于体积不大、存货量不高，且多进行中小量出货的货品。

二、补货作业的注意事项

（1）看清出库需求货品的单位，结合需求灵活判定补货箱数。

（2）拆零补货时应注意码放整齐。

（3）需要在补货通道进行补货作业。

（4）当补货任务与入库作业关联时，需要先进行入库作业再进行补货作业。

任务描述

2020 年 7 月 2 日 9 时，××库房主管张某向仓管员许某同时下达了出库订单 1 和出库订单 2 两个出库任务。仓管员先完成了出库订单 1 的操作，现在要对出库订单 2 进行处理（见图 5－11－1）。

<table>
<tr><th colspan="7">出库订单 2</th></tr>
<tr><td>客户指令号</td><td>011</td><td>客户名称</td><td colspan="2">××超市</td><td>紧急程度</td><td>一般</td></tr>
<tr><td>库房</td><td>××库房</td><td>出库类型</td><td colspan="2">正常出库</td><td>是否送货</td><td>否</td></tr>
<tr><td>收货人</td><td>SHR01400739</td><td colspan="3">预计出库时间</td><td colspan="2">2020 年 7 月 2 日 10 时</td></tr>
<tr><td>货品编码</td><td>货品名称</td><td>包装规格</td><td>单位</td><td>数量</td><td>批次</td><td>备注</td></tr>
<tr><td>6928804011173</td><td>可口可乐</td><td></td><td>瓶</td><td>9</td><td></td><td></td></tr>
<tr><td>6921168509256</td><td>农夫山泉</td><td></td><td>瓶</td><td>2</td><td></td><td></td></tr>
</table>

图 5－11－1 出库订单 2

任务要求

因任务 10 出库作业已经对出库订单 1 的货品进行了出库，因此现在采用同样的方法对出库订单 2 的货品进行出库。

请生成补货作业指令，补充电子拣选货架区的库存量，确保出库时有货可拣。

任务实施

步骤 1：确定补货需求

1. 确定补货货品

当货品出库后，剩余货品数量小于或等于补货点时，才需要进行补货。根据任务信息，可知需要补货的货品有农夫山泉和可口可乐两种（见图 5－11－2）。

	A	B	C	D	E	F	G	H
1	序号	货品名称	单位	库存量	出库量	补货点	库存结余量	是否补货
2	1	农夫山泉	瓶	6	2	13	4	是
3	2	可口可乐	瓶	10	9	3	1	是

图 5－11－2　确定补货需求

2. 计算补货数量

以本任务中农夫山泉为例，由表 5－11－4 可知，其库存量为 6 瓶，补货点为 13 瓶，库存本身数量就低于补货点数量，故需要补货。由出库订单 2 可知，农夫山泉再出库 2 瓶，库存剩余 4 瓶，至少需要补 10 瓶（补货数量＝补货点－库存结余量＋1），由于补货的最小单位是“箱”，且农夫山泉和可口可乐最小的箱装数均为 5；所以农夫山泉补货量为 2 箱，可口可乐补货量为 1 箱。

步骤 2：补货单录入

信息员登录系统，点击【补货单】，进入补货单页面，点击【新增】按钮。根据补货需求在系统上选择库房信息，并添加相应的库存信息，确认无误后，点击【保存】，页面跳转至补货单页面后，点击【补货作业单提交】（见图 5－11－3 至图 5－11－6），系统指令生成。

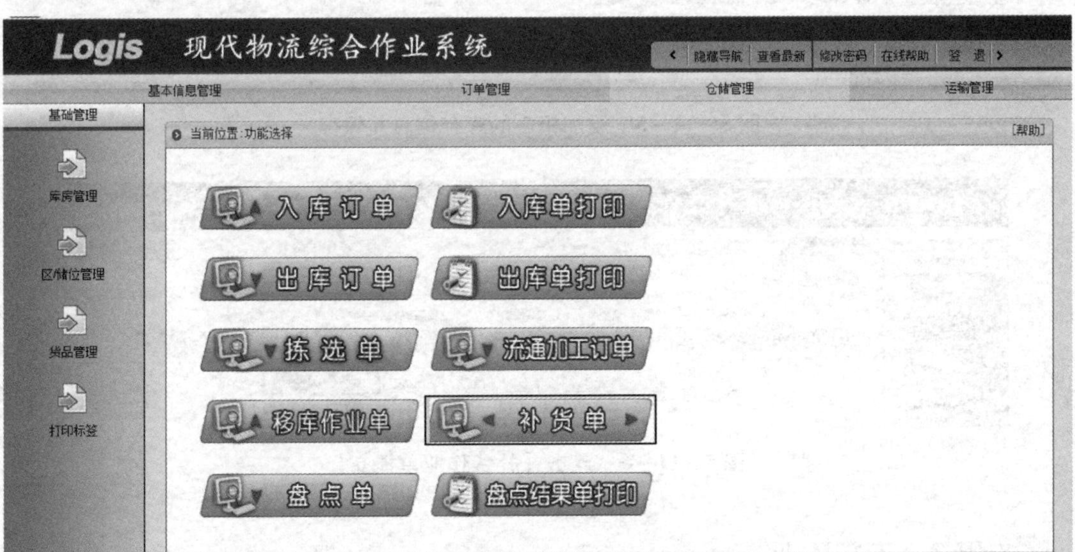

图 5－11－3　点击【补货单】

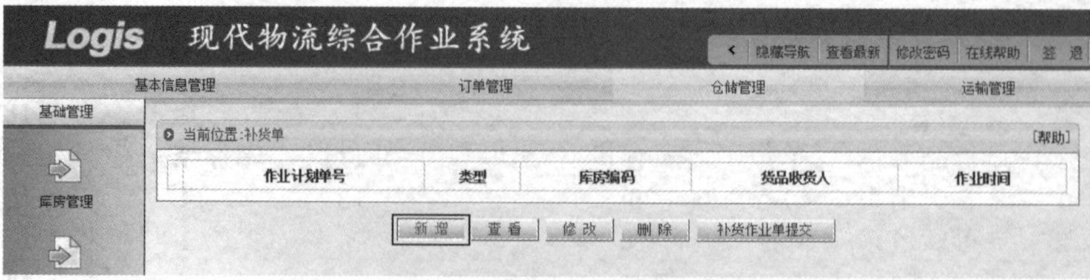

图 5－11－4　点击【新增】

图 5－11－5　添加相应的库存信息并保存

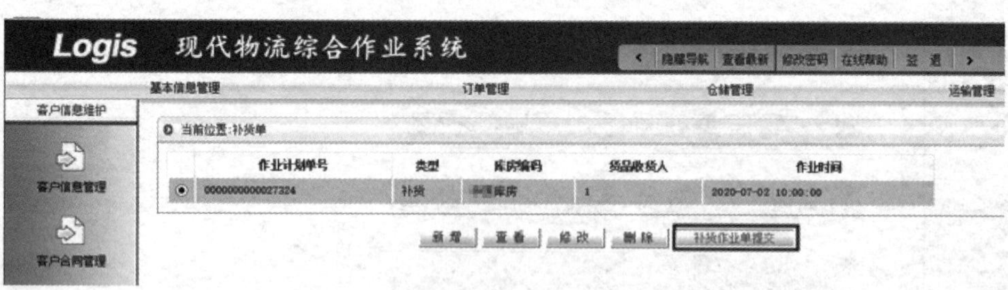

图 5－11－6　点击【补货作业单提交】

步骤 3：下架作业

叉车司机登录手持仓储作业系统，点击【补货/出库作业】→【下架作业】获取补货指令，操作页面下方显示需要下架的货品信息。操作员找到待补货下架的储位，将货品从储位上取下，扫描其储位标签及托盘标签，系统自动关联显示货品名称及数量信息，确认无误后，点击【确认下架】（见图 5－11－7）。

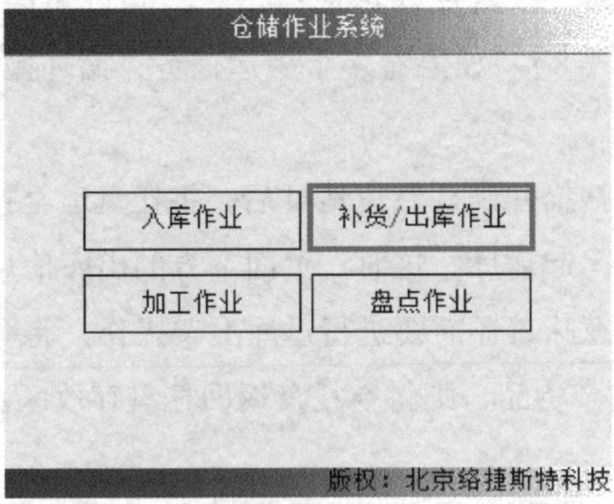

（a）点击【补货/出库作业】

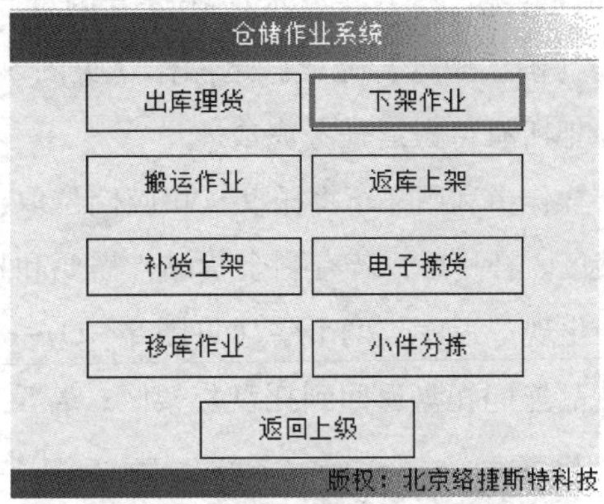

（b）点击【下架作业】

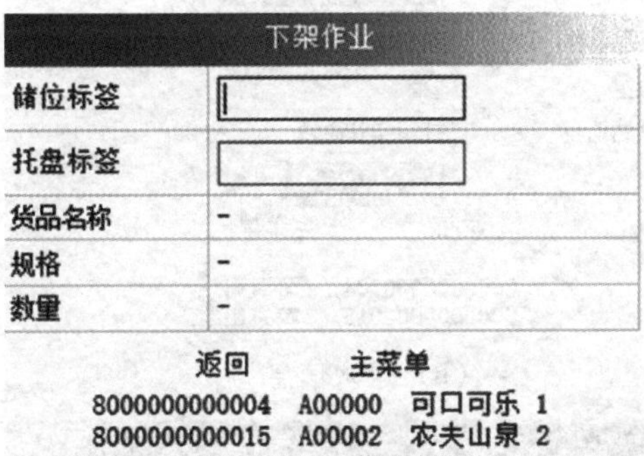

（c）下架作业界面

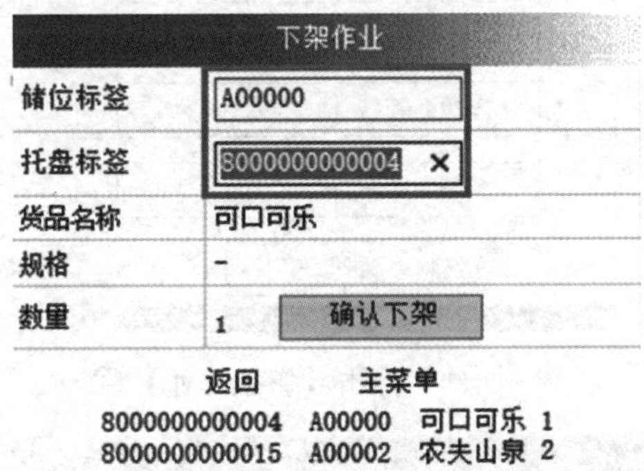

（d）录入信息

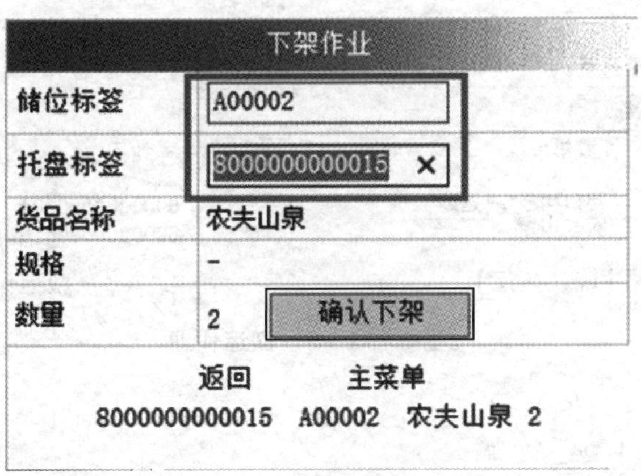

（e）点击【确认下架】

图 5－11－7　下架作业

步骤4：搬运作业

点击【搬运作业】，进入操作界面，页面下方显示需要搬运的任务信息。扫描托盘标签，系统自动关联显示该托盘上的货品名称、数量及到达地点信息，确认无误后，点击【确认搬运】完成搬运操作（见图5－11－8）。如果有多个搬运任务，循环操作，直至把所有待搬运任务完成。

操作员利用叉车将托盘从相应储位取出，扫描并确认储位地址后，将托盘运至托盘交接区。补货后，若有剩余货品，需要和托盘一起返库，这时，页面下方的出库信息后面会出现“返库”两个字（见图5－11－8），意味着还需要进行返库上架操作，将剩余的货品连同托盘返回到托盘货架区；若没有剩余货品，则将空托盘返回托盘存放区。

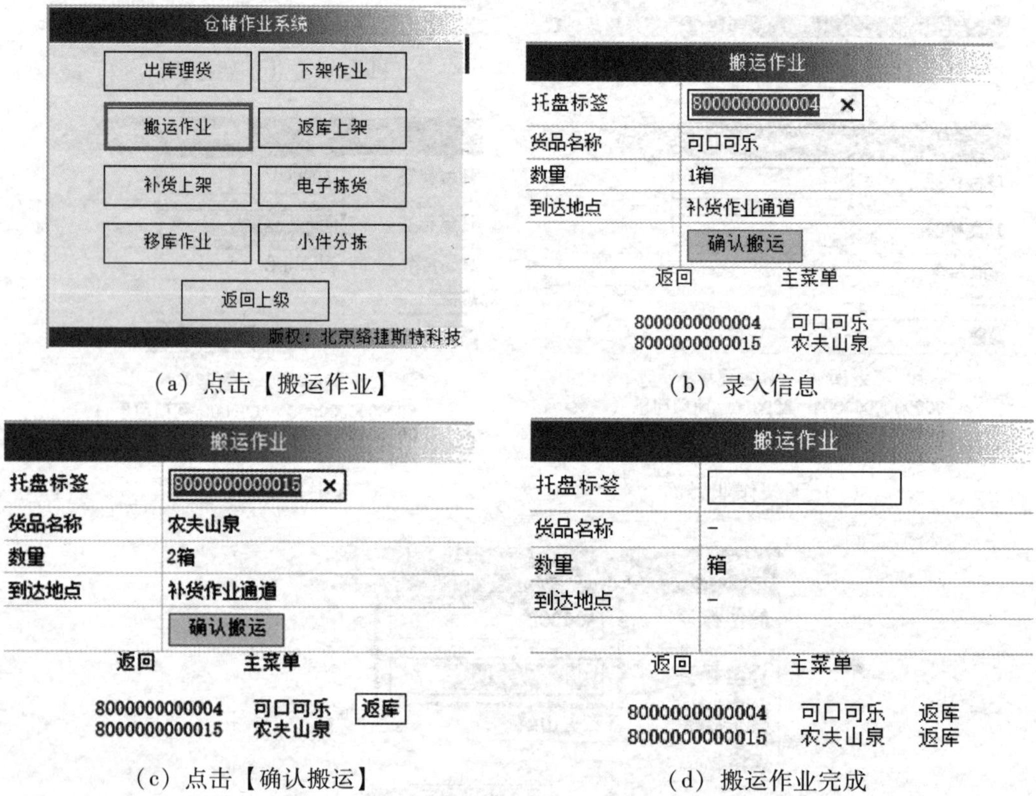

（a）点击【搬运作业】　（b）录入信息

（c）点击【确认搬运】　（d）搬运作业完成

图5－11－8　搬运作业

步骤5：补货上架

补货人员根据手持终端设备提示，将托盘从托盘交接区搬运至补货作业通道，在补货作业通道将货品拆零补货至对应储位，并回收空纸箱。

操作员登录手持仓储作业系统点击【补货上架】进入操作界面，扫描可口可乐货品条码“6928804011173”，获得货品名称、目标储位的信息，录入数量“1”，点击【确认补货】。同理，扫描农夫山泉货品条码“6921168509256”，获得货品名称、目标储位的信息，录入数量“2”，点击【确认补货】（见图 5－11－9）。

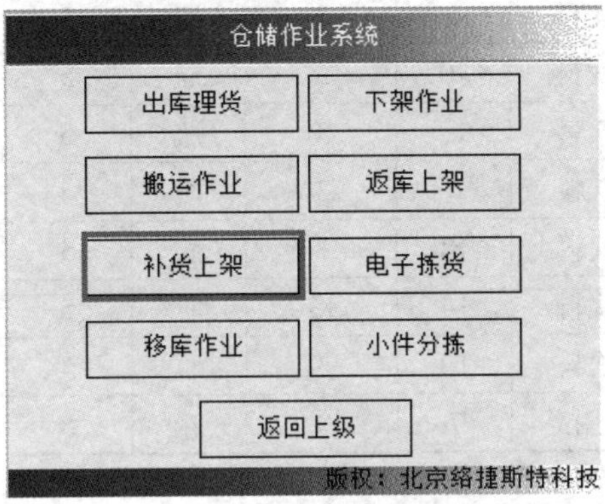

（a）点击【补货上架】

（b）补货可口可乐

（c）补货农夫山泉

图 5－11－9　补货上架

补货完成后，电子拣选货架区库存情况如图 5－11－10 所示。

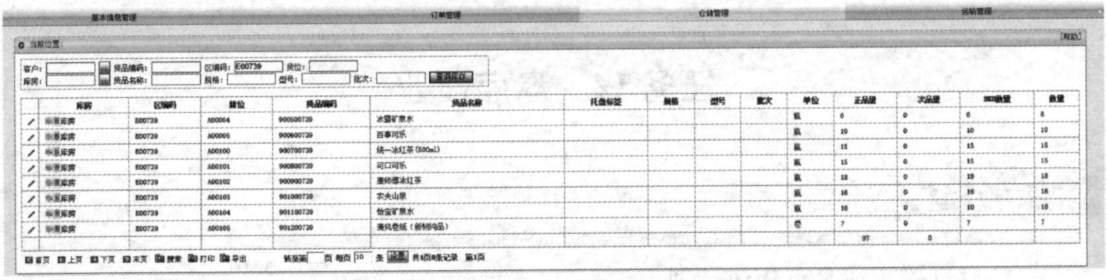

图 5－11－10　补货后电子拣选货架区库存情况

此时，电子拣选货架区库存充足，能够满足出库通知单 2 的出库需求。出库完成后，电子拣选货架区的库存情况如下表所示。

出库完成后电子拣选货架区的库存情况

储位	货品条码	货品名称	品类	数量	补货点	单位	箱装数
A00004	6928804013740	冰露矿泉水	饮料	6	3	瓶	5
A00005	6924882496116	百事可乐	饮料	10	3	瓶	5
A00100	6925303721398	统一冰红茶（500ml）	饮料	15	10	瓶	5
A00101	6928804011173	可口可乐	饮料	6	3	瓶	5
A00102	6920459905012	康师傅冰红茶	饮料	18	3	瓶	5
A00103	6921168509256	农夫山泉	饮料	14	13	瓶	5
A00104	6901285991219	怡宝矿泉水	饮料	10	3	瓶	5
A00105	6922266437359	清风卷纸（新韧纯品）	日用品	7	3	卷	5

任务评价

项目名称	评分标准	分值
确定补货需求（20 分）	分析补货货品（错漏扣 5 分）	5
	计算补货数量（每错一处扣 5 分）	15
补货单录入（20 分）	录入补货信息（每错一处扣 5 分）	15
	下达系统指令（错漏扣 5 分）	5
下架作业（20 分）	录入下架信息（每错一处扣 1 分）	5
	确认下架货品数量（每错一处扣 5 分）	15
搬运作业（20 分）	执行搬运操作（每错一处扣 5 分）	15
	确认是否有待返库上架货品（错漏扣 5 分）	5
补货上架（20 分）	录入补货数量（每错一处扣 5 分）	10
	指定补货储位（每错一处扣 5 分）	10

任务 12　盘点作业

任务目标

1. 能够准确生成盘点作业计划。
2. 能够熟练使用手持终端设备完成盘点操作，并打印盘点结果单。

任务资讯

一、仓库盘点作业的步骤

1. 盘点前的准备

仓库盘点作业的准备工作的充分程度，决定了仓库盘点作业的顺利程度。

2. 盘点时间的确定

一般来说，为保证账物相符，货品盘点次数越多越好，但盘点需投入人力、物力、财力，所以，合理地确定盘点时间非常必要。

3. 盘点的方法的确定

因为不同现场对盘点的要求不同，盘点的方法也会有差异，为尽可能快速准确地完成仓库盘点作业，必须根据实际需要确定盘点方法。盘点方法主要分为账面盘点、实物盘点和账物盘点。

4. 盘点人员的培训

盘点人员通过培训，熟悉盘点现场、盘点货品，并能够正确填制表格和单证。

5. 盘点现场的清理

盘点现场即仓库的作业区域，仓库盘点作业开始之前必须对其进行整理，以提高仓库盘点作业的效率，保证盘点结果的准确性。

6. 执行仓库盘点作业

仓库盘点作业的关键是点数，由于手工点数工作强度极大，差错率较高，因此通常可借助条码进行盘点，以提高盘点的速度和精确性。

7. 查找盘点结果存在差异的原因

通过盘点发现账物不符，而且差异超过容许误差时，应立即追查产生差异的主要原因。

8. 盘盈、盘亏的处理

差异原因查明后，应针对主要原因进行适当的调整与处理，而呆滞品、废品、不良品减价的部分需与盘亏一并处理。

9. 盘点结果的评估检讨

通过对盘点结果的评估，可以查出作业和管理中存在问题并通过解决这些问题提高仓储管理水平，以减少仓储损失。

二、仓库盘点作业的方法

1. 账面盘点法

通常对在库的“次要”货品采用账面盘点法进行盘点，一般一个月或一个季度进行一次账面盘点。

2. **实物盘点法**

通常对在库的“重要”货品采用实物盘点法进行盘点。至少每天或每周对“重要”货品进行一次实物盘点。

3. **账物盘点法**

通常对在库的“一般”货品采用账物盘点法进行盘点，一般一个季度或半年进行一次账物盘点。

三、明盘法、盲盘法、半盲盘法的区别

1. **明盘法**

明盘法是根据货品库存报表，直接核查实物。由于盘点员已经看到账面库存，故只需核对实际库存即可。这种方法在实际运用中，盘点效率高，但可能发生“作弊行为”，更适合用于循环盘点。明盘法又可以细分为单人明盘法、双人唱盘法、多人合作法。

（1）单人明盘法：一个人根据货品库存报表，对实物进行点数。

（2）双人唱盘法：一个人负责货品库存报表部分、一个人负责实物部分，这种方法还可以细分为唱货品库存报表和唱实物两种不同方法。

（3）多人合作法：比如一个人唱实物、一个人不看货品库存报表记账、一个人看货品库存报表核对。

2. **盲盘法**

盲盘法是指不看货品库存报表，直接核查实物，抄录编号和数量，抄录完毕后，再与货品库存报表对比的盘点方法。这样在盘点过程中盘点员看不到账面库存，需要根据实物对库存进行记录。这种方法在实际运用中，盘点效率低，独立性强，更适合用于定期盘点。

3. **半盲盘法**

半盲盘法是在盘点中提供物料号码、位置等信息，但是不显示账面库存，这样能比较好地利用两种盘点方式的优点。

任务描述

××超市与××库房签订的合约中明确规定，每天仓库要在所有入库作业和出库作业完成后，对电子拣选货架区的在库货品进行核对，以减少差错，保持账货相符。

2020 年 7 月 2 日 15 时，在所有作业完成后，仓库按例进行盘点作业。

货品条码信息如下页表所示。

货品条码信息

序号	货品条码	货品名称	品类	单位
1	6928804013740	冰露矿泉水	饮料	瓶
2	6924882496116	百事可乐	饮料	瓶
3	6925303721398	统一冰红茶（500ml）	饮料	瓶
4	6928804011173	可口可乐	饮料	瓶
5	6920459905012	康师傅冰红茶	饮料	瓶
6	6921168509256	农夫山泉	饮料	瓶
7	6901285991219	怡宝矿泉水	饮料	瓶
8	6922266437359	清风卷纸（新韧纯品）	日用品	卷

任务要求

信息员在仓储管理系统下达电子拣选货架区的盲盘指令。盘点员前往指定区域，利用手持终端设备对货品实施盲盘，完成后打印提交盘点作业单。

任务实施

步骤1：下达盘点任务单

信息员登录现代物流综合作业系统，点击【盘点单】（见图5－12－1），进入盘点单页面。

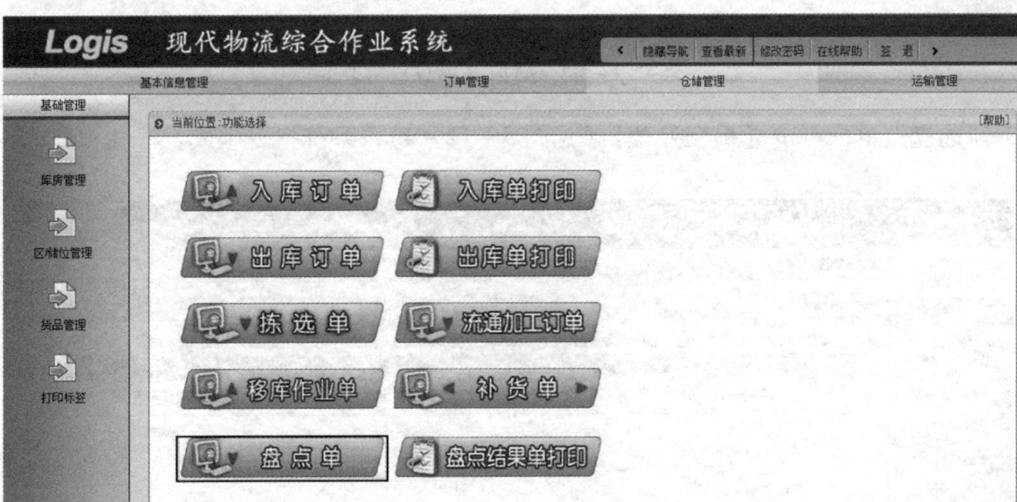

图5－12－1　点击【盘点单】

点击【新增】（见图5-12-2），进入盘点任务单维护页面。

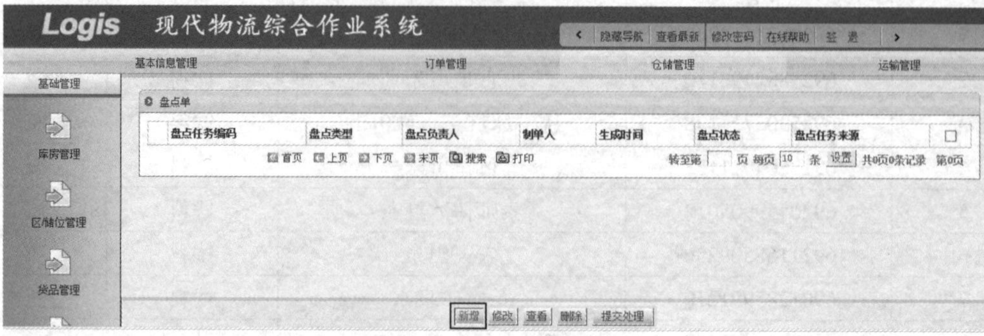

图5-12-2　点击【新增】

依次录入库房、区、负责人的信息后，点击【保存订单】（见图5-12-3），页面返回至列表界面。

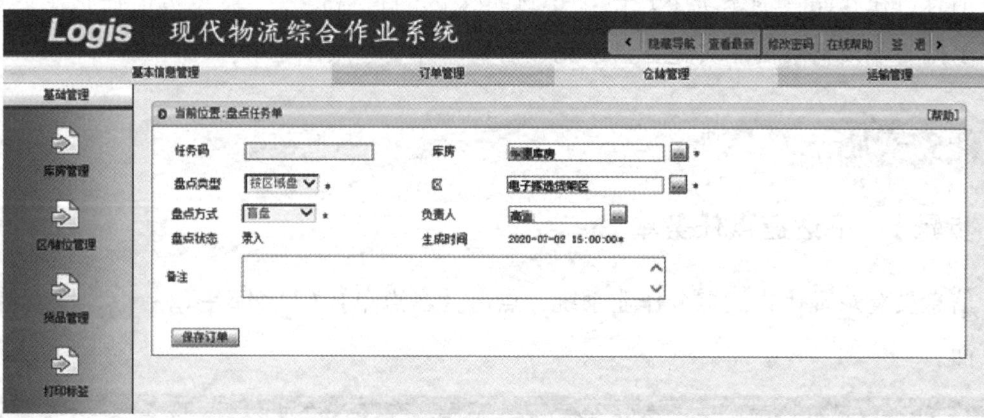

图5-12-3　点击【保存订单】

勾选盘点单，点击【提交处理】（见图5-12-4），系统指令生成。

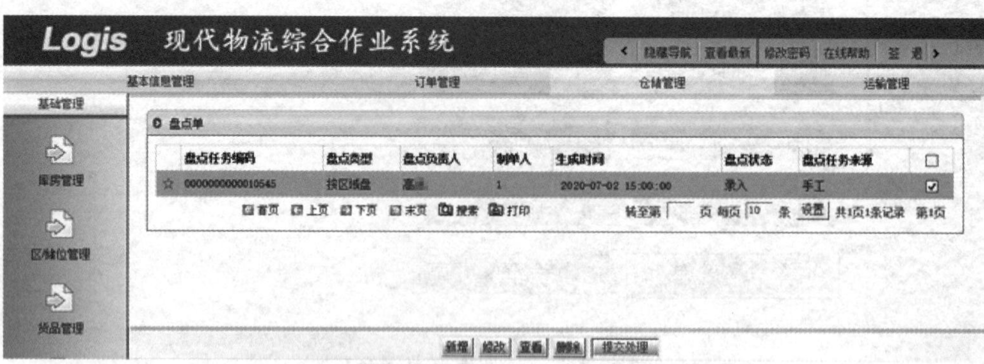

图5-12-4　点击【提交处理】

步骤2：执行盲盘作业

对电子拣选货架区域进行盘点。利用手持终端设备扫描储位标签和货品条码，输入实际数量，进行盘点操作；所有储位的盘点操作均完成后，利用手持终端设备完成本次盘点任务。

（1）获取盘点指令：盘点员登录仓储作业系统，点击【盘点作业】→【盘点】，进入【电子拣选货架区】盘点作业页面，页面下方显示“未作业数量：27”，即有27个储位待盘点（见图5-12-5）。

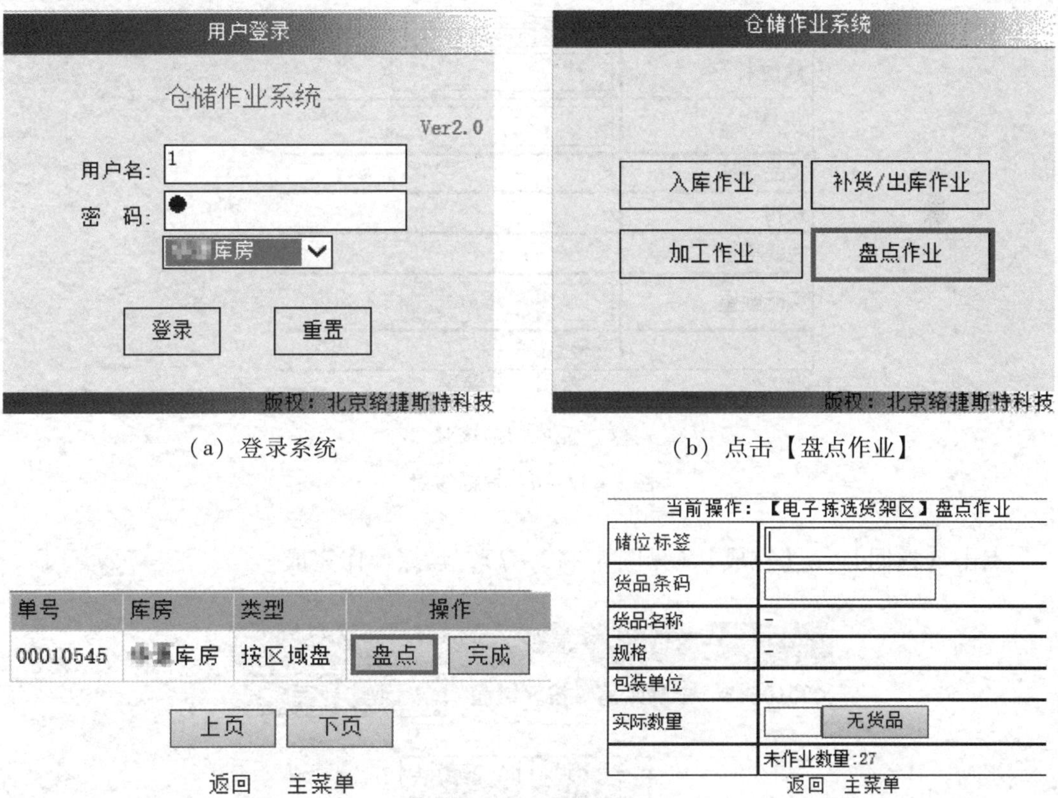

（a）登录系统　（b）点击【盘点作业】　（c）点击【盘点】　（d）盘点指令获取

图5-12-5　获取盘点指令

（2）扫描核对：操作员逐一对A00000至A00208储位进行扫描、清点操作。如储位没有库存货品，则扫描储位标签后，直接点击【无货品】按钮。如储位有库存货品，先扫描储位标签后，再扫描货品条码，清点货品无误后，输入实际数量，点击【保存】。重复以上操作，直至页面提示“无待盘点的货品”（见图5-12-6）。

（a）储位无货品界面

（b）储位有货品界面

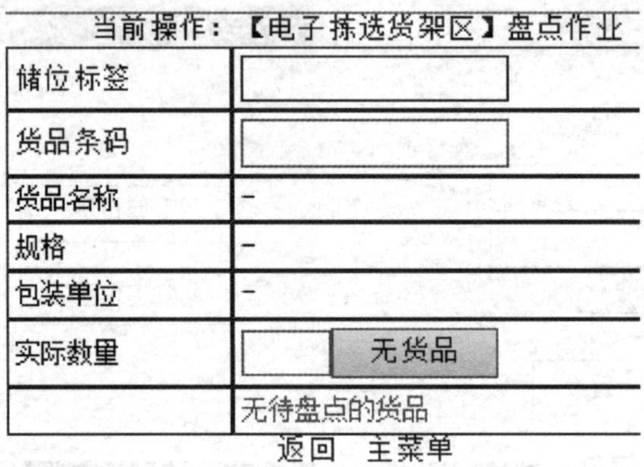

（c）完成扫描核对

图 5－12－6　扫描核对

点击【返回】→【完成】（见图 5－12－7），盘点操作完成。

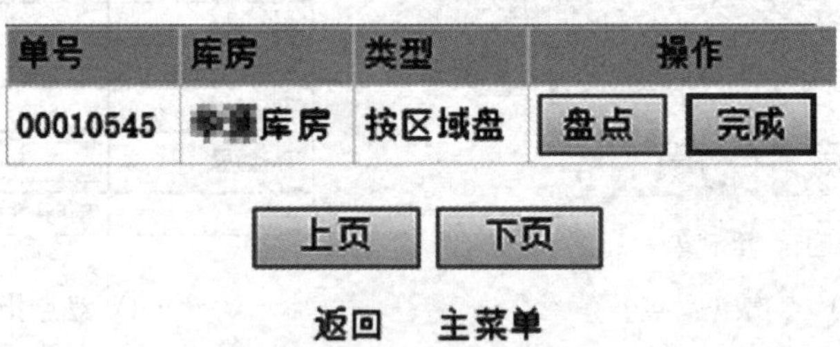

图 5－12－7　盘点手持操作完成

步骤 3：打印盘点结果单

盘点结束后，信息员在系统中打印出盘点结果单（见图 5－12－8 和图 5－12－9），由仓管员在单据中的仓管员（签字）处签字确认（见图 5－12－10），并交给仓储主管。

图 5－12－8　点击【盘点结果单打印】

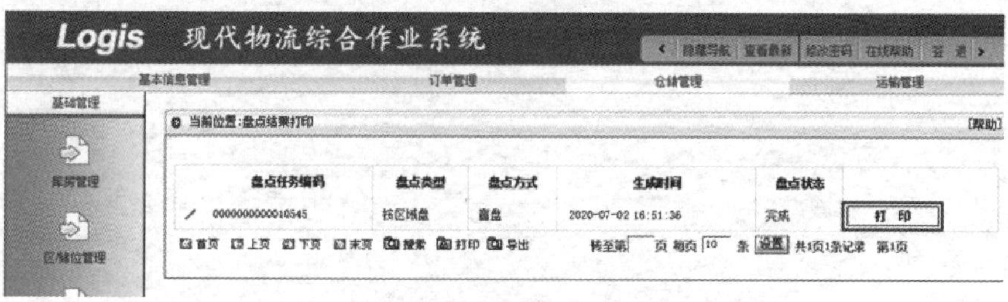

图 5－12－9　点击【打印】

盘 点 结 果 单

0000000000055726

库房名称：■■库房　　　　　　盘点日期：2020-07-02

盘点类型：按区域盘　　　　　　区名称:电子拣选货架区

储位	货品名称	货品条码	库存数量	盘点数量	单位	盈亏	备注
A00004	冰露矿泉水	6928804013740	6	6	瓶	0	
A00005	百事可乐	6924882496116	10	10	瓶	0	
A00100	统一冰红茶(500ml)	6925303721398	15	15	瓶	0	
A00101	可口可乐	6928804011173	6	6	瓶	0	
A00102	康师傅冰红茶	6920459905012	18	18	瓶	0	
A00103	农夫山泉	6921168509256	14	14	瓶	0	
A00104	怡宝矿泉水	6901285991219	10	10	瓶	0	
A00105	清风卷纸（新韧纯品）	6922266437359	7	7	卷	0	

信息员(签字)：　×××　　　　仓管员(签字)：　高■

第一联（白联）：信息员留存　　第二联（红联）：仓库留存　　第三联（黄联）：仓管员留存

图 5－12－10　盘点结果单

任务评价

项目名称	评分标准	分值
下达盘点任务单（30分）	录入系统数据（每错一处扣5分）	20
	生成作业计划（未生成扣10分）	10
执行盘点作业（50分）	获取盘点指令（错漏扣10分）	10
	扫描核对（每错漏一处扣5分）	30
	确认盘点结果（错漏扣10分）	10
确认盘点结果单（20分）	打印盘点结果单（未打印扣10分）	10
	在盘点结果单上签字（未签字扣10分）	10

模块六　运输与配送作业

任务 13　干线到达作业

任务目标

1. 掌握干线到达作业的基本流程。

2. 能够根据要求正确完成干线到达作业。

任务资讯

一、干线到达货品的流向

操作员需要将所有货品通过托盘搬运至收货区后再进行分拣。货品分拣后的四个流向如下。

（1）需要进行即时派送的货品。使用托盘和托盘搬运车将货品搬运至发运区。

（2）需要进行暂存处理的货品。将货品搬运至干线货品暂存区。

（3）异常货品。将整单货品搬运至异常货品暂存区。

（4）需要入库的货品。进行入库处理。

二、入库货品的处理

（1）对需要当日入库的货品进行入库处理。

（2）不需要当日派送的货品直接搬运至干线货品暂存区，对应的该客户的运单不需要进行单据交接，只需把单据放置在货箱上。

（3）异常处理：将其中有异常货品的运单中所有的货品搬至异常货品暂存区（根据现场货品的实际情况进行操作），并在到货通知单的备注栏上注明异常原因（数量短缺、货品污损、串货等），然后通知信息员不要调度，对应的该客户的运单不需要进行单据交接，只需把该运单放置在货箱上。

三、运单的相关事项

（1）需要将有异常货品的运单中的所有货品搬至异常货品暂存区，并在到货通知单的备注栏上注明异常原因。

（2）核验每单干线到达货品的品名、数量和状况。

（3）在到货通知单中备注异常货品信息并交给信息员。

任务描述

2020 年 9 月 1 日，运输部客服员收到从泉州到上海的到货通知信息，具体到货信息详见到货通知单（见图 6－13－1）。

到货通知单　　　　单号：DHTZD00001

收货信息	收货人	××便利店	××母婴生活馆	××文具批发中心	××童趣店
	是否送货	是	是	是	是
	收货地址	上海市杨浦区马台街××号	上海市虹口区成贤街××号	上海市徐汇区中华路×××号	上海市静安区金箔路××号
	联系人	王×	冯×	陈×	李×
	联系电话	131××××9643	138××××7609	180××××5897	136××××9202
	收货时间	2020 年 9 月 1 日 08：00—12：00	2020 年 9 月 1 日 08：00—15：00	2020 年 9 月 1 日 12：00—15：00	2020 年 9 月 1 日 12：00—15：00
托运信息	托运人	××××商贸有限公司	×××××母婴用品有限公司	××××文化用品有限公司	×××××集团
	联系地址	上海市宝山区大华二路×××号	上海市杨浦区杨树浦路××号	上海市浦东新区新浦路×××号	上海市闵行区顾戴路××××号
	联系人	白×	王××	李××	夏×
	联系方式	139××××5578	136××××3204	139××××6509	158××××0932
货品条码		6942886302219	6932904709700	9787309018646	6955085419671
货品名称		铜锣烧	婴儿奶粉	图画本	儿童吸管杯
包装规格（mm×mm×mm）		190×370×270	190×370×270	285×380×270	285×380×270
单位		箱	箱	箱	箱
总体积（m^3）		0.095	0.095	0.174	0.174
总重量（kg）		25	30	24	30
数量		5	5	6	6
备注					

图 6－13－1　到货通知单

任务要求

物流中心主管张某向仓管员许某下达干线到达任务，要求仓管员完成好相关干线到达作业。

任务实施

步骤1：到货确认

信息员登录现代物流综合作业系统，点击【到货通知】（见图6－13－2），进入到货通知的处理页面。

图6－13－2　点击【到货通知】

待到运力列表中有一条由始发站“泉州”发来的到货信息，点击【查看】，确认运输明细信息无误后，点击【到货】，确认接收到货信息（见图6－13－3和图6－13－4）。

至此，到货通知处理完成，系统指令生成并发送至场站操作员的手持终端设备上，便于其进行后续作业。同时，可以与场站操作员进行沟通，告知此情况，让场站操作员提前做好准备工作，从而更高效地完成作业。

步骤2：干线入站

（1）收货准备：场站操作员收到到货信息后，根据每一笔货品的目的地，将该目的区域的暂存仓储笼/空托盘提取出来，推至输送线两旁。

（2）进站扫描与检验：等待货品到达，完成基本的单据交接后，即可进行进站扫描操作。场站操作员将车辆封志拆解后，从车厢中拣选出到达上海的四笔订单的全部

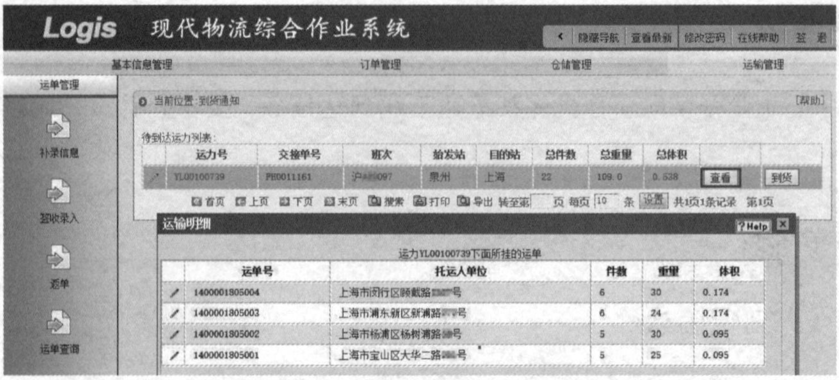

图 6－13－3　点击【查看】

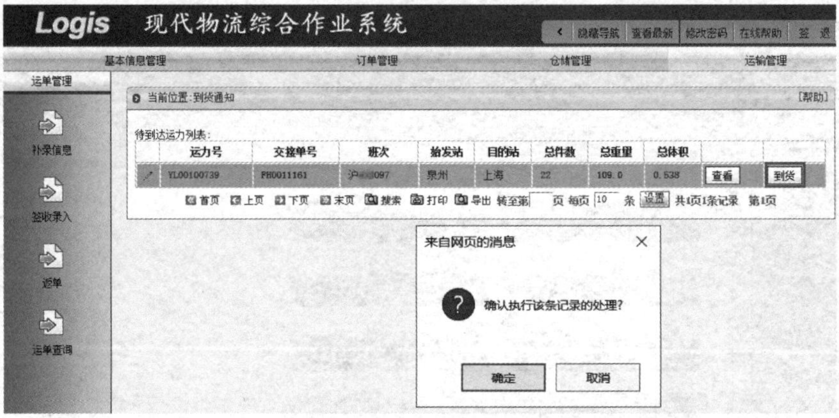

图 6－13－4　点击【到货】

货品，将货品整齐摆放在收货月台上。

操作员登录现代物流综合作业系统，点击【运输作业】→【干线入站】→【扫描】（见图 6－13－5），进入干线入站的运单货品扫描页面。

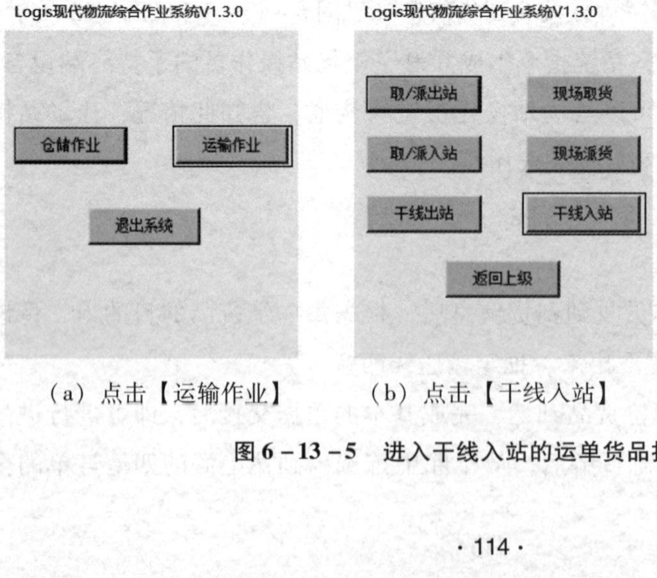

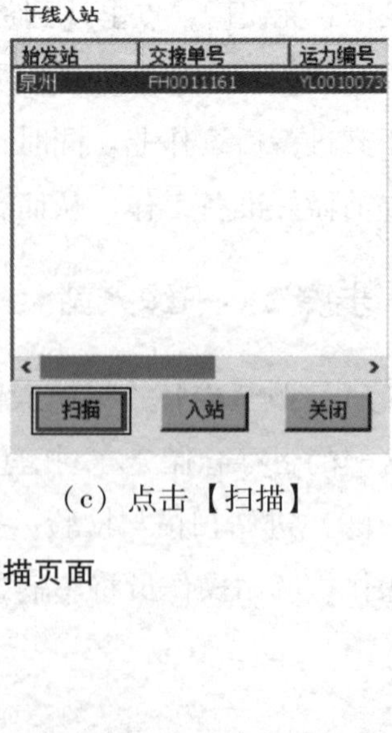

（a）点击【运输作业】　（b）点击【干线入站】　（c）点击【扫描】

图 6－13－5　进入干线入站的运单货品扫描页面

操作员通过手持终端设备逐个扫描运单条码，并根据到货通知单和运单（在到货的纸箱上）核对货品信息，检查货品是否有数量短缺、货品污损、串货等情况，确认无误后，点击回车，显示对应的检测件数。重复以上操作，直至所有运单检测完毕（见图6－13－6）。

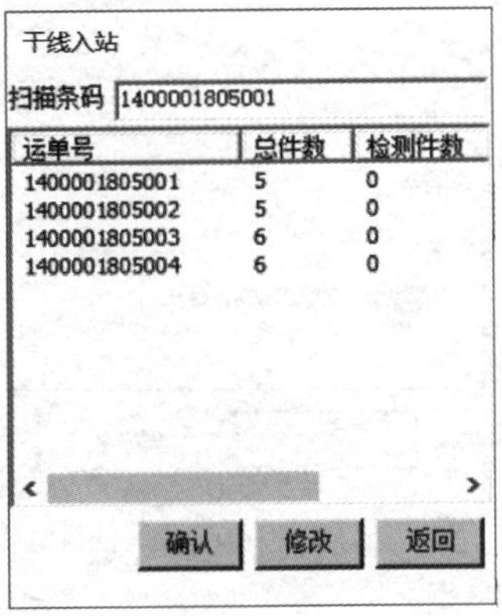

（a）录入运单条码
（以1400001805001号运单为例）

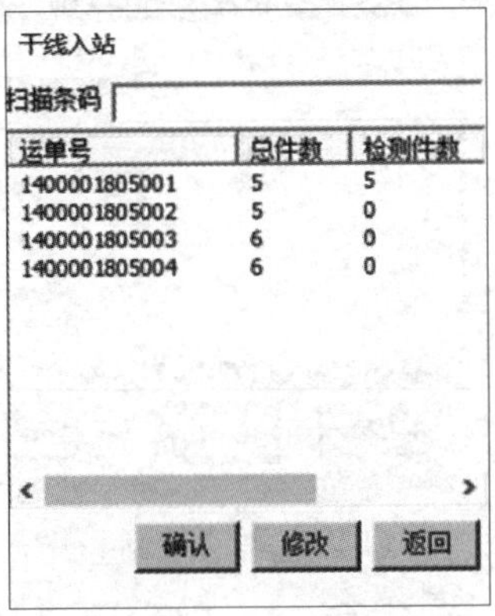

（b）运单1完成检测

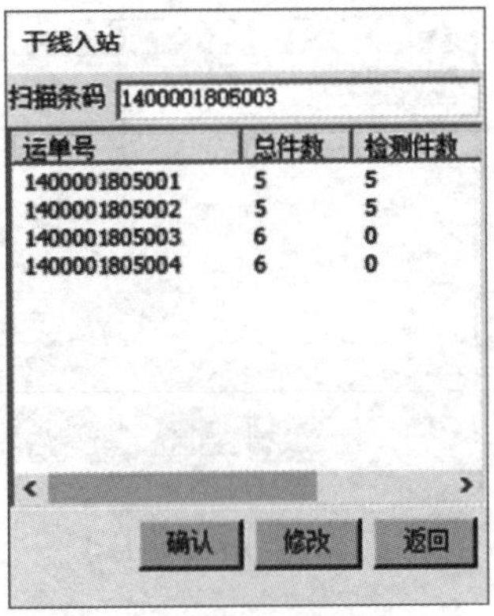

（c）运单2完成检测

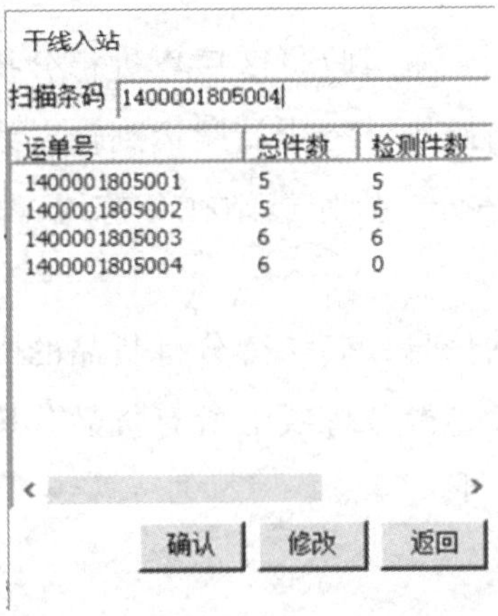

（d）运单3完成检测

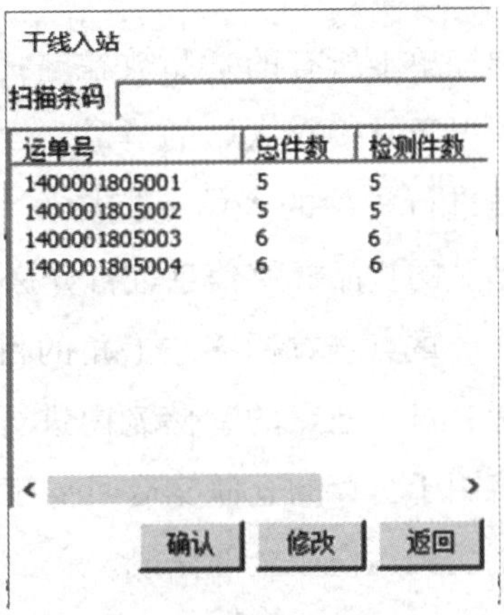

（e）所有运单完成检测

图6－13－6　运单检测

知识链接

如果在扫描过程中，发现实际数量与运单数量不符，可以选择该条信息，点击【修改】，按照实际到站数量进行修改，修改完成后，再点击【保存】。

所有运单经检测确认无误后，点击【确认】，页面返回，信息成功反馈至信息系统中。点击【入站】→【是】，确认干线入站操作完成（见图 6－13－7）。

（a）点击【确认】　　（b）点击【入站】　　（c）干线入站操作完成

图 6－13－7　干线入站操作

步骤 3：入站分拣

将到货通知单上所有的货品放在空托盘上，搬至收货区后再进行分拣。对于扫描后确认无误可以正常接收入站的货品，由场站操作员将货品搬运到输送线，交由其他场站分拣人员进行货品的入站分拣操作。场站分拣操作员站在分拣线旁的仓储笼前，根据货品上粘贴的货品标签信息进行分拣作业。

场站操作员重点查看标签左上角的目的站信息，确认待分拣货品的配送方向，将货品分拣至标有对应地点的仓储笼内进行暂存，待分拣线上所有货品分拣完毕后，关闭输送线，将用于暂存的仓储笼退回暂存区即可。

至此，干线到达作业全部完成。

任务评价

项目名称	评分标准	分值
到货确认（20 分）	查看到货信息（未查看扣 10 分）	10
	执行到货确认操作（未执行扣 10 分）	10
干线入站（50 分）	执行干线入站操作（每错一处扣 5 分）	20
	检查货品短缺、污损情况（每错一处扣 5 分）	15
	操作设备、搬运纸箱（每碰撞或掉落一次扣 5 分）	15

续　表

项目名称	评分标准	分值
入站分拣（30分）	在运单上备注/签字（每错漏一处扣5分）	10
	交单（错漏扣10分）	10
	操作设备、搬运纸箱（每碰撞或掉落一次扣2分）	10

任务14　取派作业

任务目标

1. 掌握取派作业的基本流程。
2. 能够根据要求正确完成取派作业。

任务资讯

一、取派调度作业的内容

取派调度是对所有已经分单完毕待取派及已经确认需要进行取派调度作业的运单进行调度的作业。其主要任务就是确认需要进行取派作业的运单的具体作业顺序、作业时间、作业车辆、相关人员信息。一般来说，大多数运输公司会按照不同区域安排不同车辆、司机进行取派作业的基本思路进行调度决策。

信息员根据需要取派货品的属性、地点、时间要求等信息，结合当前取派车辆（仓储笼）的载重、最大容积情况，订单的紧急程度以及客户权重等级，制定取派线路配载作业调度计划。在运输管理系统中录入相关信息，打印取派单据，并通知取派司机准备取派作业。

二、取派准备的内容

取派司机接到调度员发送过来的取派通知单，检查携带的相关设备，包括手持终端设备、便携式条码打印机、电子秤、皮尺。其中，手持终端设备需要采用跨带携带，便携式条码打印机需要采用腰带携带。取派司机出站需要携带的单据包括取派通知单第三联、需要取货的运单（全部三联）。

三、取派作业的内容及注意事项

1. 取货作业的内容

取派司机抵达发货客户处，与客户共同清点货品数量、品类，确认货品无误后，要求客户在运单的“发货人签字”处签字（按照运单中取货联系人的姓名签字），取派司机将第一联（白联）交给该发货人留存，将第二联（红联）和第三联（黄联）带回场站。运单填写完成之后，将其粘贴在货品包装上。取派司机通过手持终端设备扫描运单号，确认取货信息无误后，回传收件信息。最后，取派司机再次核查单据上的运单号、确认收货人、计算运费，确认信息无误后，完成取货任务，取派司机主动与客户道别，驾驶载货车辆离开。

2. 派货作业的内容

取派司机对到货通知单中需要即时派送的货品，按照调度安排的路线和顺序，驾驶取派车辆（仓储笼）至客户区，将待派货品运抵收货客户处。取派司机需在客户收货时与客户共同清点货品数量、品类。确认货品无误后，取派司机要与客户沟通送货信息，要求客户在运单中的“收货人签字”处签字（按照运单中的收货人姓名签字），取派司机将第三联（黄联）交给该收货人留存，将第二联（红联）带回场站。同时，取派司机通过手持终端设备录入收货人、签收类型信息，系统回传派件信息。

3. 取派作业的注意事项

（1）要注意取货时的货品验收，如果与客户共同清点货品数量、品类时发现异常情况，该运单整单货品都要拒收，客户在运单中签字并写明拒收原因。

（2）派送货品前，在出库区要对出库的货品进行核对，确保出库作业的准确性。

（3）取派作业过程中，取派车辆的车门要面朝向客户，以降低装卸车的难度。

（4）信息员调度车辆时要注意所选车辆的最大载重量是否满足要求。

（5）信息员调度车辆时要注意所选择的车辆的车牌号是否正确。

（6）操作员在装卸货品时要合理处置取派车辆。

（7）操作员在装卸货品时一般应从车门处开始进行装卸操作。

四、取派出站与取派入站

1. 取派出站作业的内容

场站操作员在进行出站扫描的时候需要注意，取派出站的作业订单数量与调度员发送过来的取派通知单数量要保持一致。如果同时出现多个取派出站的作业任务，场站操作员需要对每一个任务进行扫描确认出站操作。

2. **取派入站作业的内容**

取派司机根据取派通知单的要求完成所有取派任务后，驾驶车辆回到收货区，结合班线信息，对取回货品分别进行干线发运、干线发运暂存或入库等处理。通过手持终端设备对取货入站的货品进行核查，如果发现有异常货品，将该运单的所有货品放置在异常货品暂存区；若核查无误，进行入站确认。

任务描述

2020 年 9 月 1 日，××集团上海物流中心主管张某向仓管员许某下达运输通知单 1 和运输通知单 2 的取派任务，运输通知单信息如图 6－14－1 和图 6－14－2 所示。

运输通知单 1

客户指令号	YSTZD001			托运客户	××便利店		
始发站	上海			目的站	上海		
托运人	王×			取货地址	上海市杨浦区马台街××号		
联系方式	131××××9643			取货时间	2020/9/1　8：00—12：00		
收货人	××集团上海物流中心（程××）			收货地址	××集团上海物流中心		
联系方式	182××××2325			收货时间	2020/9/1　15：00—17：00		
货品条码	货品名称	单位	包装规格（mm×mm×mm）	总体积（m^3）	总重量（kg）	数量	备注
6925303721399	便笺本	箱	285×380×270	0.174	36	6	

图 6－14－1　运输通知单 1

运输通知单 2

客户指令号	YSTZD002			托运客户	××童趣店		
始发站	上海			目的站	广州		
托运人	李×			取货地址	上海市静安区金箔路××号		
联系方式	136××××9202			取货时间	2020/9/1　12：00—17：00		
收货人	××××贸易有限公司（马×）			收货地址	广州市前进路×××号		
联系方式	139××××2298			收货时间	2020/9/7　08：00—17：00		
货品条码	货品名称	单位	包装规格（mm×mm×mm）	总体积（m^3）	总重量（kg）	数量	备注
6902083890681	娃哈哈 AD 钙奶	箱	190×370×270	0.114	30	6	

图 6－14－2　运输通知单 2

（1）长途运输班线信息：物流中心运输部将自有的6辆货车用于发往外地的干线运输作业，干线班车的班线、进站时间、发车时间等信息如表6－14－1所示。

表6－14－1　　干线班车信息

班线	车牌号	经停站	进站时间	发车时间	预计到达时间
上海—重庆	沪A×××38	上海—郑州—重庆	8：00	9：30	上海—郑州1天 上海—重庆2天
上海—济南	沪A×××96	上海—徐州—济南	22：00	23：30	上海—徐州1天 上海—济南3天
上海—杭州	沪A×××51	无	19：30	21：30	1天
上海—广州	沪A×××09	上海—武汉—广州	17：00	19：00	上海—武汉1天 上海—广州2天
上海—福州	沪A×××89	无	14：30	15：30	2天
上海—南京	沪A×××21	无	10：30	13：30	1天

（2）配送车辆信息：物流中心运输部将自有的2辆货车用于市内配送的取派作业，车辆信息如表6－14－2所示。

表6－14－2　　配送车辆信息

车牌号	司机	总容积（m^3）	最大载重量（kg）
沪A×××01	王××	20	100
沪A×××02	刘×	16	80

任务要求

根据所提供的运输通知单，分析是否受理运输作业任务，对于受理的运输作业任务，分工协作完成下列实际操作。

（1）完成2020年9月1日所有的调度、取派作业。

（2）完成2020年9月1日所有的验收、单据交接任务。

任务实施

步骤1：业务受理

信息员根据“运输通知单1”和“运输通知单2”中的信息，判断其是否满足可以受理的条件，若核对均无异常，则可以正常接收。然后在运输管理系统中录入运输订单，提交并生成单据。

1. **市内取派业务受理**

信息员根据运输通知单的信息判断运输通知单 1 需进行的是市内取派，故进入【运输管理】→【取/送货单】（见图 6 – 14 – 3），录入取/送货单信息。点击【新增】（见图 6 – 14 – 4），页面进入取/送货单维护页面。

图 6 – 14 – 3　点击【取/送货单】

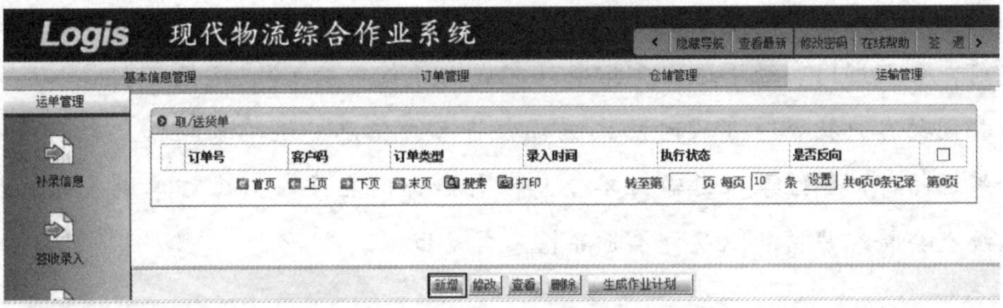

图 6 – 14 – 4　点击【新增】

在取/送货单页面，先按照题目要求在【客户指令号】处录入相应信息，【业务类型】选择【取货】，选择【取货时间】和【到货时间】。然后在【客户码】处选取 ×× 便利店对应代码，客户信息的各个栏目可自动关联。根据题目可知，取货人即为客户，所以可直接点击【提取客户信息为取货信息】直接关联取货信息。在【收货人账号】处选取收货人信息，系统自动关联填写其他信息。最后点击【添加商品】，选择便笺本并录入货品的体积、重量、数量信息，信息录入并确认无误后点击【保存订单】（见图 6 – 14 – 5）。

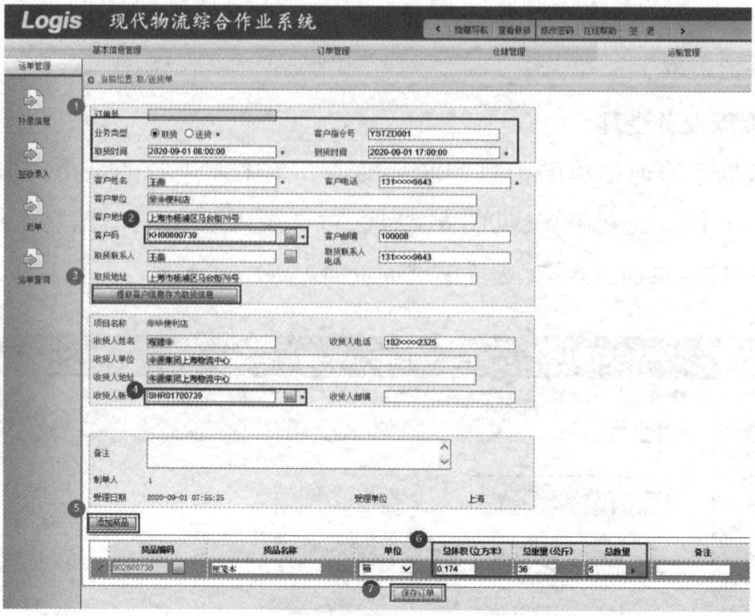

图 6－14－5　取/送货单页面操作

知识链接

什么是客户指令号?

客户指令号是客户下达给运输部和仓储部的客户订单号。如果在运输部门录入运输订单前，仓储部门已经下达出库指令（完成出库订单录入），运输部门录入运输订单时输入相同的客户指令号字段时，系统就会将客户信息、运单货品信息自动填入。反之，如果运输部门已经录入运输订单信息，仓储部门在录入出库订单输入客户指令号时，系统也会将客户信息以及订单货品信息自动填入。

在取/送货单列表中选中订单，点击【生成作业计划】→【确认生成】（见图 6－14－6 和图 6－14－7），系统指令生成。

图 6－14－6　点击【生成作业计划】

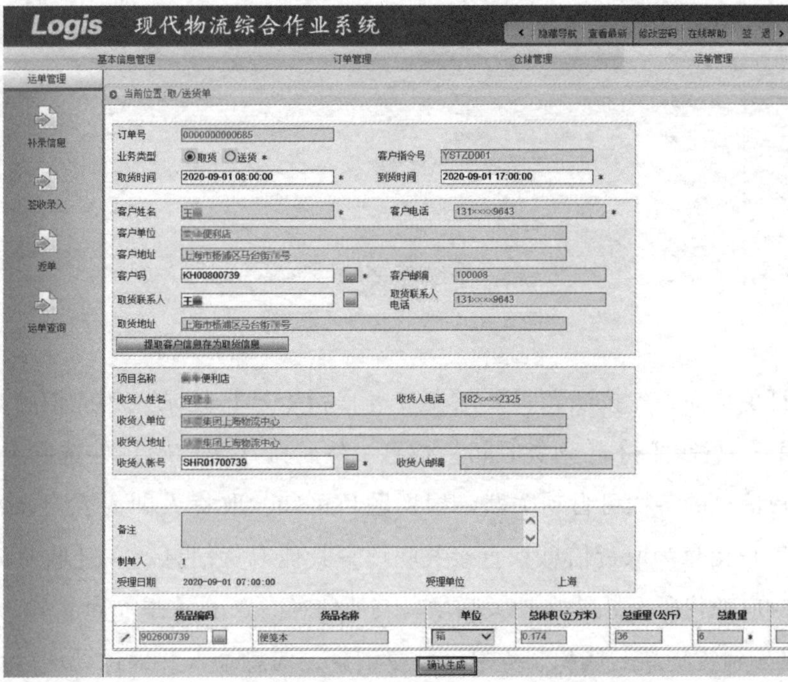

图 6－14－7　点击【确认生成】

对于不需要进行分单调度的取/送货单的业务，可以直接打印运单进行取派调度。

2. **跨市运输业务受理**

信息员根据运输通知单的信息判断，运输通知单 2 需进行跨市运输，故进入【运输管理】→【运输订单】（见图 6－14－8），录入运输订单信息。点击【新增】（见图 6－14－9），页面进入运输订单维护页面。

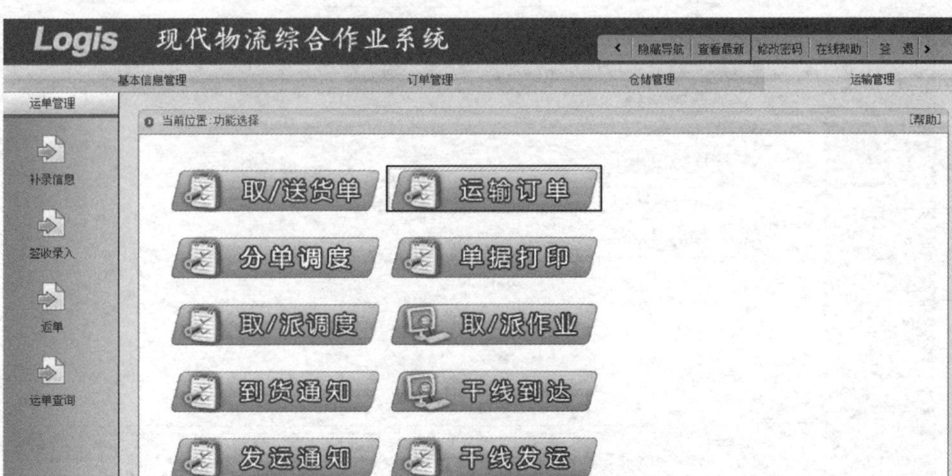

图 6－14－8　点击【运输订单】

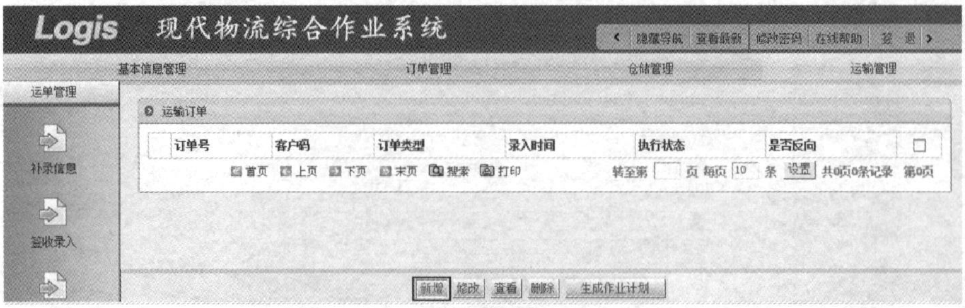

图 6-14-9　点击【新增】

在运输订单页面，先按照题目要求在【客户指令号】处录入相应信息，选择或填写【目的站】【取货时间】【到货时间】信息。然后在【客户码】处选取 ×× 童趣店对应代码，客户信息的各栏可自动关联。根据题目可知，取货人即为客户，所以可直接点击【提取客户信息为取货信息】直接关联填写其他取货信息。在【收货人账号】处选择收货人对应的代码，系统自动关联填写其他信息。点击【添加商品】，选择娃哈哈 AD 钙奶并录入到货货品的体积、重量、数量信息，信息录入并确认无误后点击【保存订单】(见图 6-14-10)。

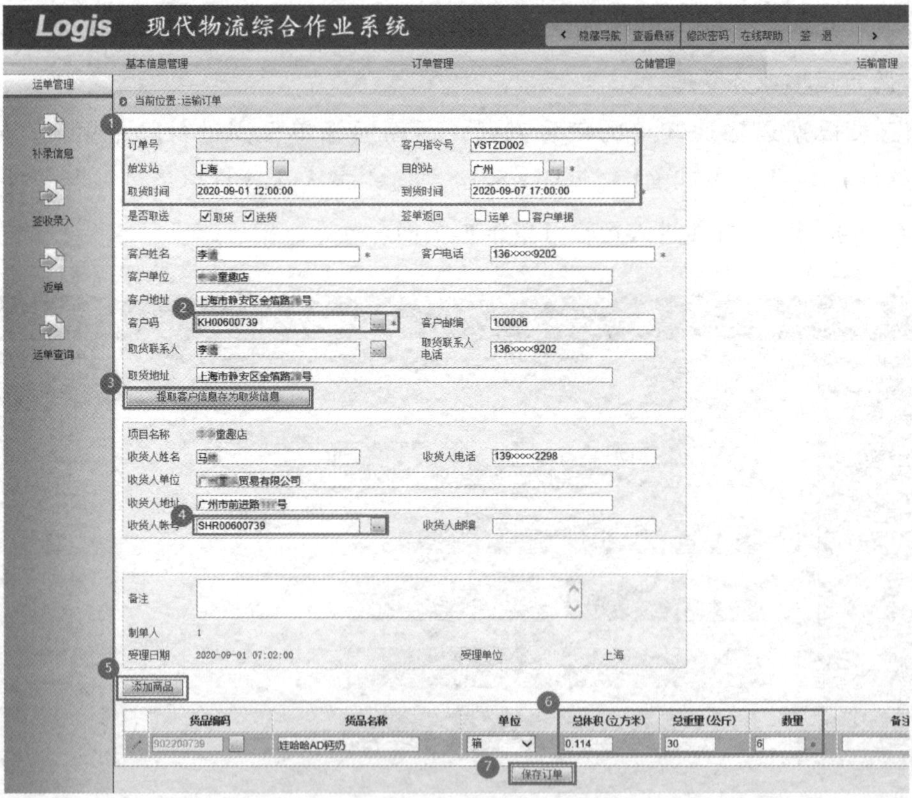

图 6-14-10　运输订单页面操作

在运输订单列表中选中订单，点击【生成作业计划】（见图 6－14－11）。

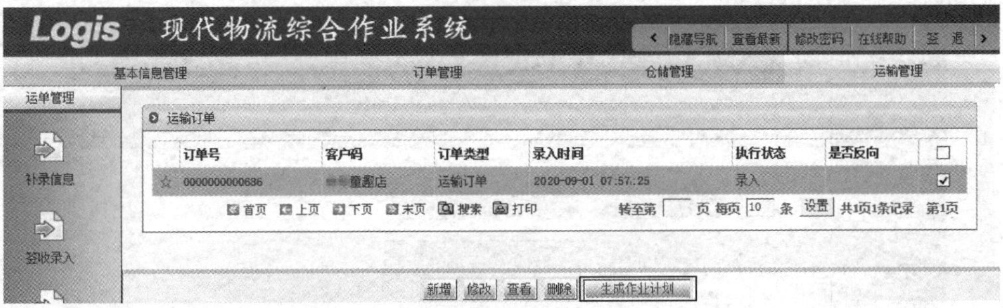

图 6－14－11　点击【生成作业计划】

信息确认无误后点击【确认生成】（见图 6－14－12），系统指令生成。

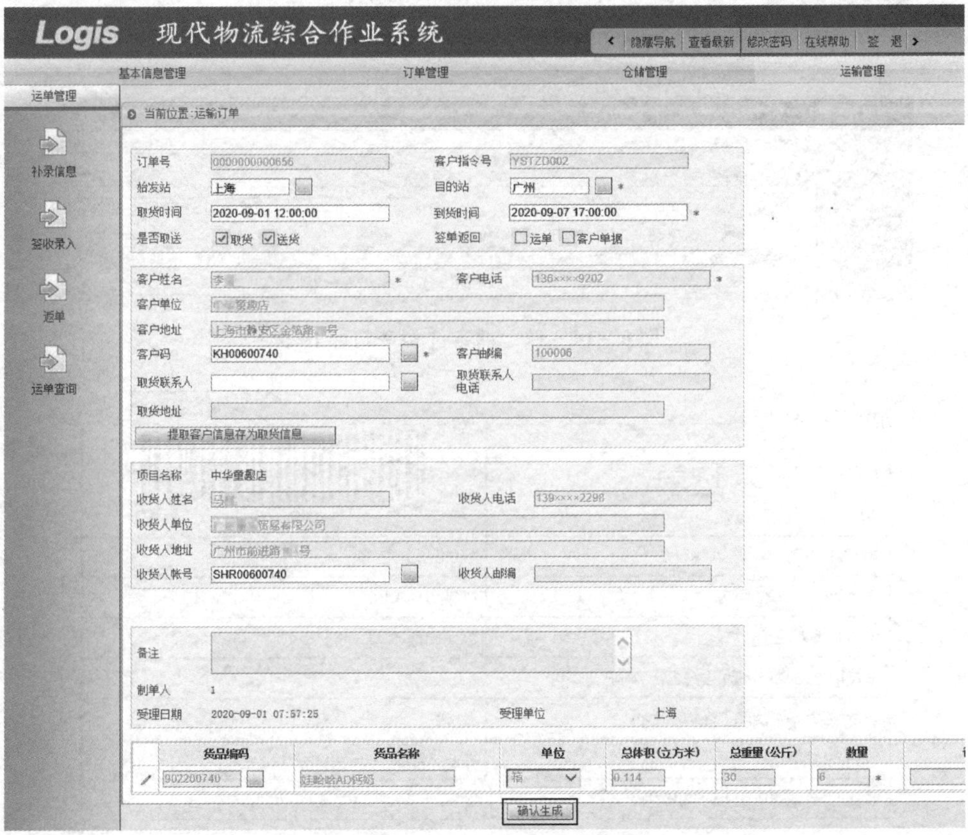

图 6－14－12　点击【确认生成】

3. **运单打印**

由于运输订单 2 还需要进行后续的分单调度操作，因此这里只能打印市内取派的运单。信息员登录现代物流综合作业系统，点击【运输管理】→【单据打印】，在单据打印页面，选中该订单，点击【运单打印】，页面弹出运单打印预览页面，点击【打印】，完成运单打印（见图 6－14－13 至图 6－14－15）。

图 6－14－13　点击【单据打印】

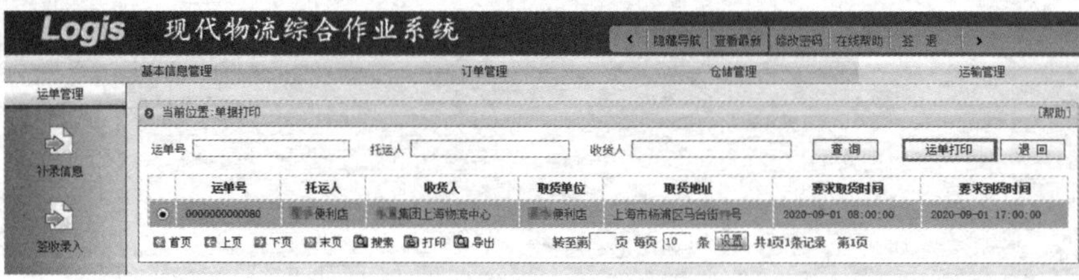

图 6－14－14　点击【运单打印】

打印

运单	0000000000080
始发站:上海	目的站:上海
托运单位:■■便利店	邮编:100008
取货联系人:王■	联系电话:131××××9643
取货地址:上海市杨浦区马台街■号	
收货单位:■■集团上海物流中心	邮编:
收货人:程■■	收货人电话:182××××2325
收货地址:■■集团上海物流中心	

货品名称	数量	单位	总体积（m^3）	总重量（kg）	备注
便笺本	6	箱	0.174	36	

发货人签字:______　　　　收货人签字:______

第一联（白联）：发货人留存　第二联（红联）：物流公司留存　第三联（黄联）：收货人留存

图 6－14－15　点击【打印】

步骤 2：分单调度

调度员收到信息员传递过来的运输通知单 2 的干线分单作业指令，确定货品的干线流向、干线司机、干线车辆等信息。调度员登录现代物流综合作业系统，点击【运输管理】→【分单调度】（见图 6－14－16），进入分单调度页面。

图 6－14－16　点击【分单调度】

在分单调度列表中，已显示由运输订单传递过来的需要进行分单调度作业的订单信息，点击【分单】（见图 6－14－17），进入调度分单页面。

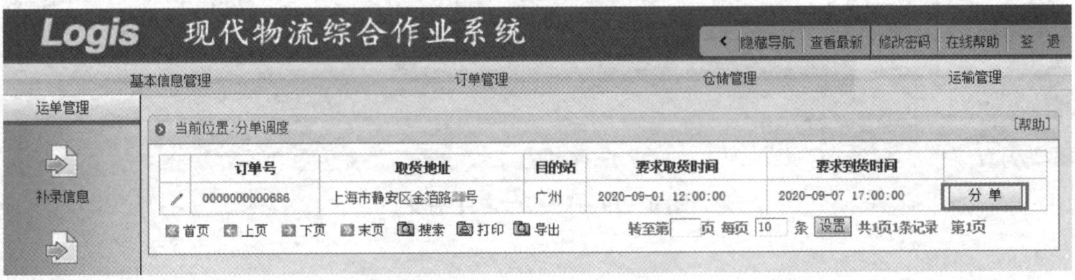

图 6－14－17　点击【分单】

在分单操作中，调度员需要确定的内容主要包括运输方式和运输线路两个方面。调度员根据货品的运单信息，确定该票发往广州的货品采用的运输方式是公路，并选择目的站或中转站在广州停靠的班线。通过查看初始数据中干线班车信息表（见表 6－14－1）及配送车辆信息（见表 6－14－2）可知，只有经停武汉的这条班线符合要求，选择该条线路，点击【确定】→【提交】，完成调度分单的运输路线规划操作

（见图 6－14－18 和图 6－14－19）。

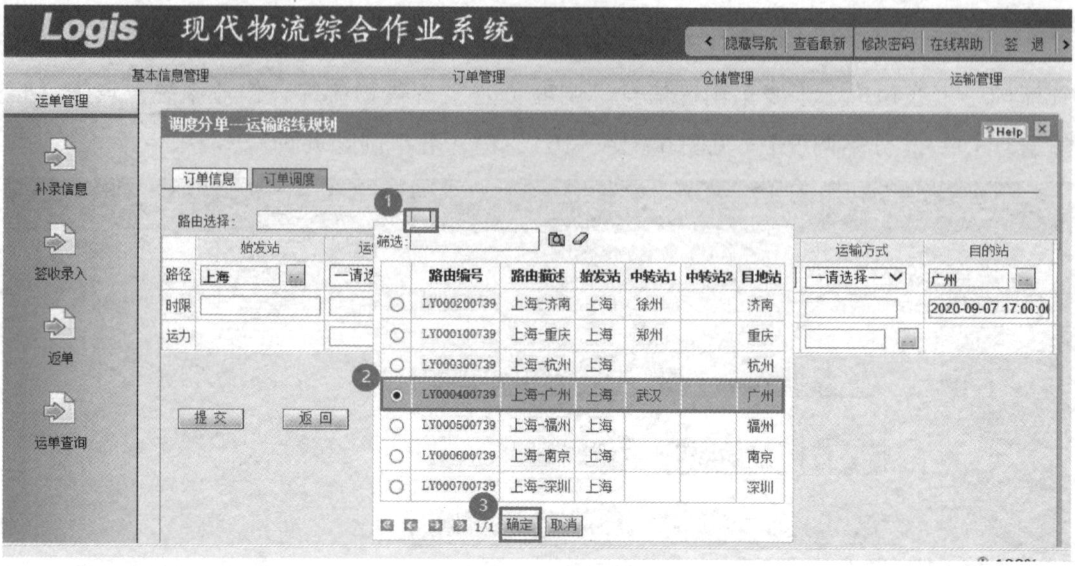

图 6－14－18　分单操作

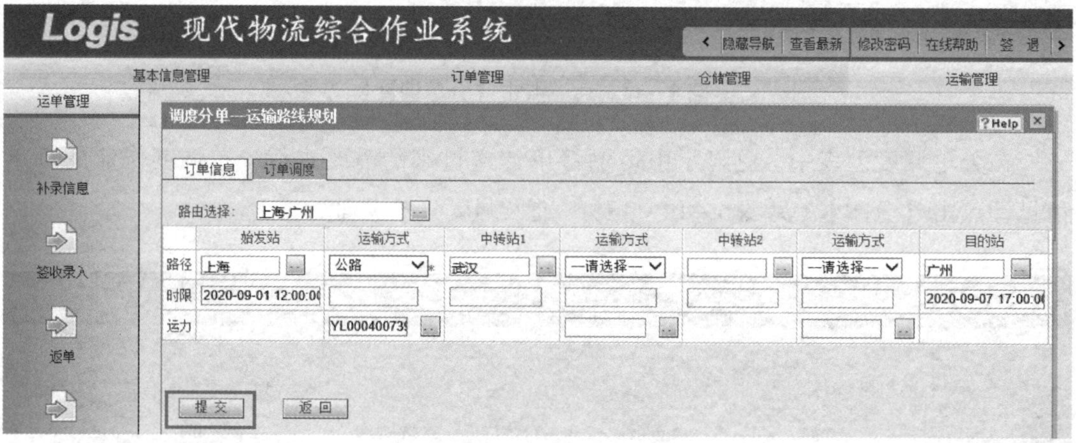

图 6－14－19　点击【提交】

步骤 3：取派调度

任务 13 的到达信息录入之后，在取派调度界面中转化为“待取”信息和“待派”信息。信息员登录系统进入【运输管理】→【取/派调度】（见图 6－14－20），进入取派调度页面。调度员可以根据取派作业的地址信息、取派时间、货品重量、体积等信息，确认具体的取派作业安排方法。

图 6－14－20　点击【取/派调度】

知识链接

（1）取/送货单业务提交作业单后不需要进行分单调度作业，可直接进行取派调度。

（2）运输订单业务提交作业单后要选择班线进行分单调度作业，调度完成后点击【提交】确认调度结果。

1. **新增取派调度单**

点击【新增取派调度单】，取派车辆信息变成可编辑状态，根据要求选择或填写【预计发车】【运力编号】【车牌号】【司机】【货运员】的信息，点击【保存】后在［取/派调度列表］中会相应地显示出一条新增的计划信息，即取派调度信息新增成功（见图 6－14－21）。

2. **指派取派调度单**

信息员/调度员选中新增的取派调度单，合理选择待取和待派列表中运单后方的箭头，将各条运单加入所选的取派调度单上，取派司机会按照运单加入的先后顺序进行作业（见图 6－14－22）。

通过以上调度可有，调度员指派王××为司机、郭××为货运员，使用车牌号为沪 A×××01 的货车，先前往××便利店完成派送和取货，再前往××童趣店完成派送和取货。在调度完成后点击【提交】（见图 6－14－23），当前操作由“取派调度”显示为“出站扫描”，编号为 TD0010459 的取派调度单指派完成。

图 6－14－21　新增取派调度单（TD0010459）

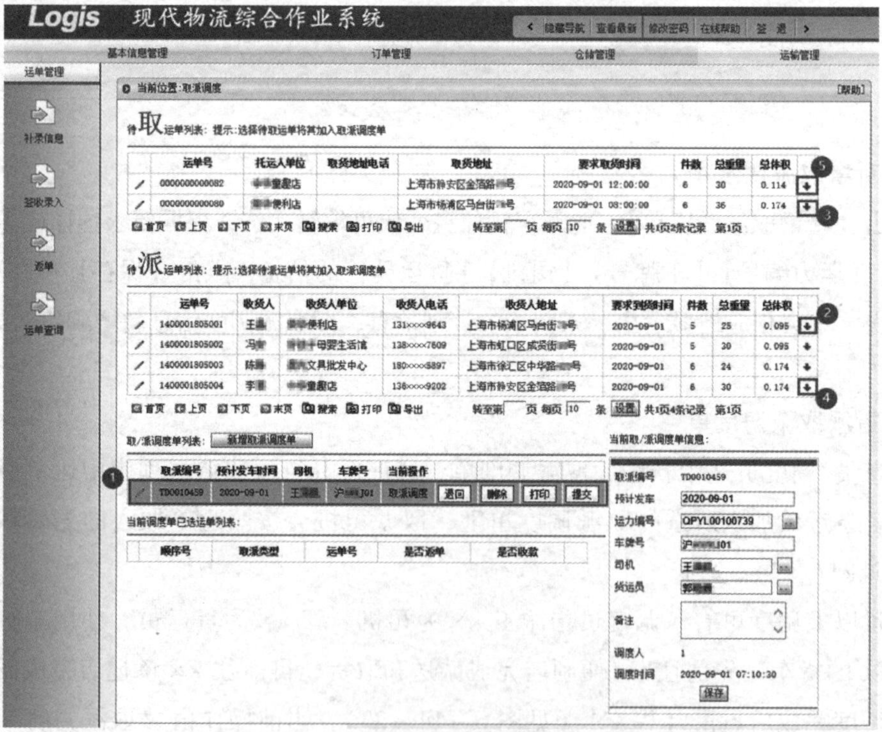

图 6－14－22　指派取派调度单（TD0010459）

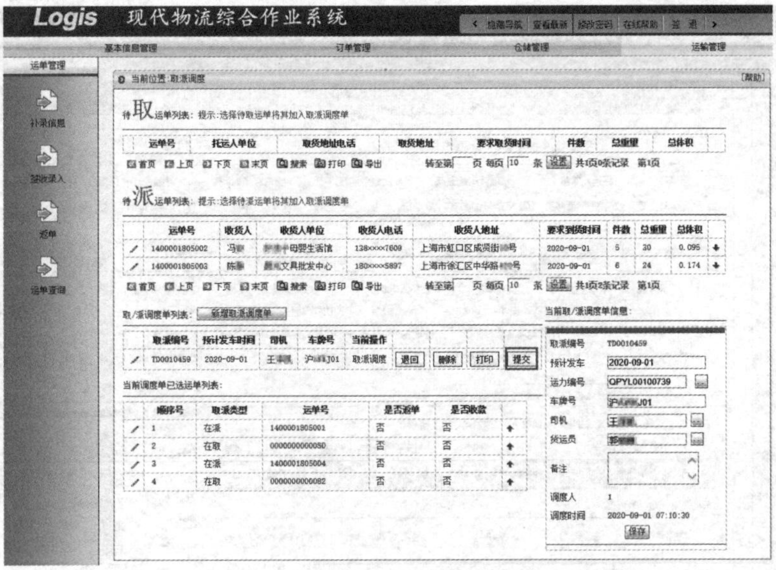

图 6－14－23　完成取派调度单（TD0010459）指派

此时，待派运单列表中还有两个运单号未指派。因此，调度员指派刘×为司机、高×为货运员，使用车牌号为沪 A×××02 的货车，分别前往×××母婴生活馆和××文具批发中心进行派送。在调度完成后点击【提交】，当前操作由“取派调度”显示为“出站扫描”，编号为 TD0010460 的取派调度单指派完成。操作过程同“TD0010459”一样，具体如图 6－14－24 所示。

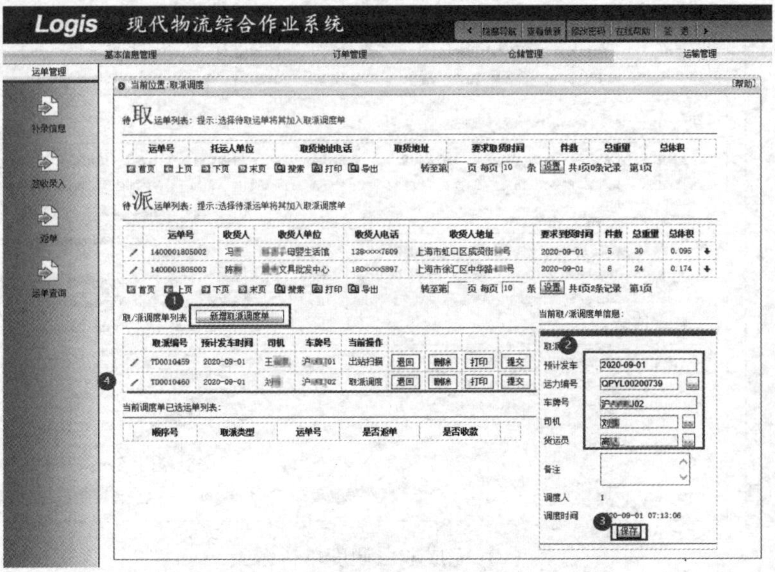

（a）新增取派调度单

图 6－14－24　取派调度作业（TD0010460）

（b）指派取派调度单

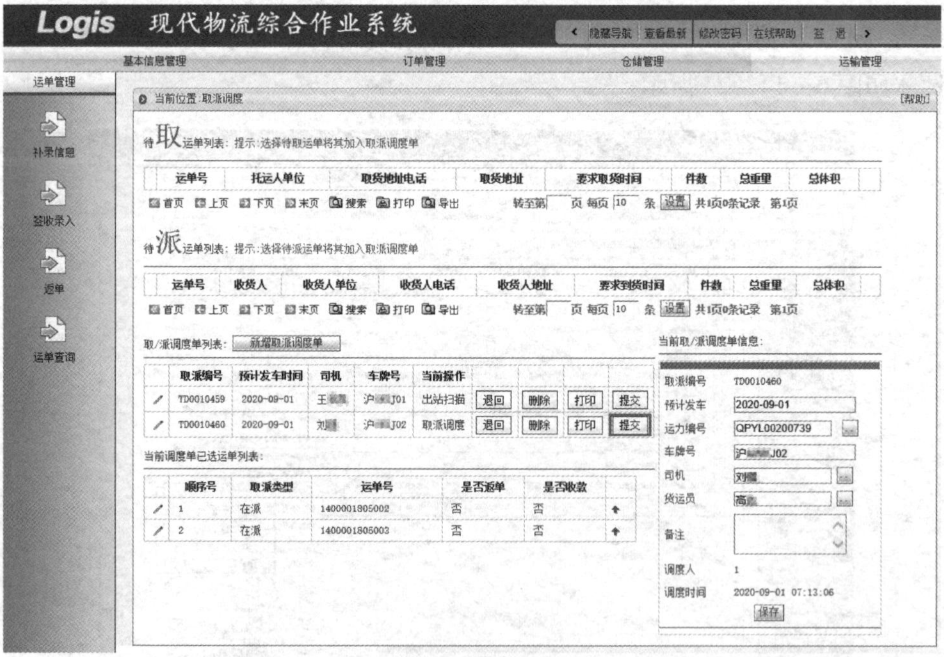

（c）完成取派调度单指派

图 6－14－24　取派调度作业（TD0010460）（续）

［取/派调度单列表］的所有当前操作均显示“出站扫描”，即完成取派调度操作（见图6－14－25）。

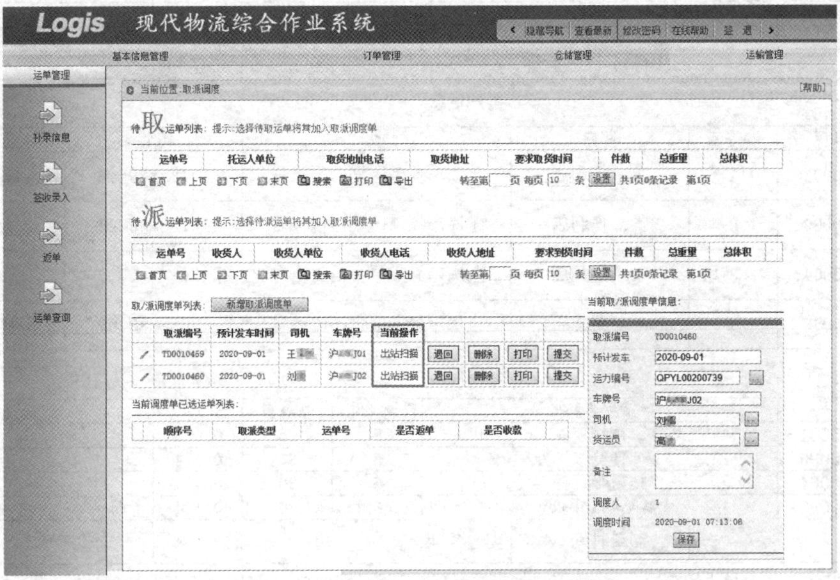

图6－14－25　完成所有取派调度作业

3. 取派通知单打印

取派调度作业完成之后，在取派调度列表中选中取派单，点击【打印】，进入预览页面（见图6－14－26和图6－14－27），进行取派通知单的打印操作。

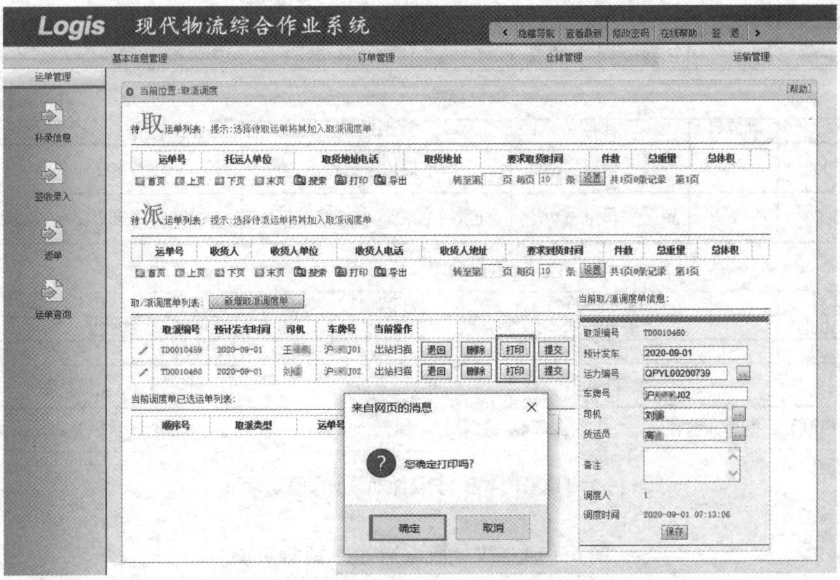

图6－14－26　取派通知单的打印操作

打印

取(派)通知单

单号	TD0010459		操作站		上海
资源	车辆	沪[illegible]J01	车型		
	司机	王[illegible]	预计发车时间		2020-09-01
总数量	23.0件	总重量	121.0kg	总体积	0.557m³

客户信息

订单/运单号	顺序号	客户	地址	电话	姓名	类型
1400001805001	1	[illegible]便利店	上海市杨浦区马台街[illegible]号	131××××9643	王[illegible]	在派
0000000000080	2	[illegible]便利店	上海市杨浦区马台街[illegible]号	131××××9643	王[illegible]	在取
1400001805004	3	[illegible]童趣店	上海市静安区金箔路[illegible]号	136××××9202	李[illegible]	在派
0000000000082	4	[illegible]童趣店	上海市静安区金箔路[illegible]号	136××××9202	李[illegible]	在取

货品信息

订单/运单号	货品名称	件数(件)	总重量	总体积	备注
1400001805001	铜锣烧	5	25	0.095	
0000000000080	便笺本	6	36	0.174	
1400001805004	儿童吸管杯	6	30	0.174	
0000000000082	娃哈哈AD钙奶	6	30	0.114	
制单人：	制单时间：	年　月　日			司机签字：
第一联（白联）：制单人留存	第二联（红联）：物流公司留存		第三联（黄联）：司机留存		

（a）TD0010459 号取派通知单预览页面

打印

取(派)通知单

单号	TD0010460		操作站		上海
资源	车辆	沪[illegible]J02	车型		
	司机	刘[illegible]	预计发车时间		2020-09-01
总数量	11.0件	总重量	54.0kg	总体积	0.269m³

客户信息

订单/运单号	顺序号	客户	地址	电话	姓名	类型
1400001805002	1	[illegible]母婴生活馆	上海市虹口区成贤街[illegible]号	138××××7609	冯[illegible]	在派
1400001805003	2	[illegible]文具批发中心	上海市徐汇区中华路[illegible]号	180××××5897	陈[illegible]	在派

货品信息

订单/运单号	货品名称	件数(件)	总重量	总体积	备注
1400001805002	婴儿奶粉	5	30	0.095	
1400001805003	图画本	6	24	0.174	
制单人：	制单时间：	年　月　日			司机签字：
第一联（白联）：制单人留存	第二联（红联）：物流公司留存		第三联（黄联）：司机留存		

（b）TD0010460 号取派通知单预览页面

图 6－14－27　取派通知单预览页面

4. 取派通知单交接

打印完毕的取派通知单为三联单，调度员需要在三联的制单人和制单时间处填写自己的名字和日期，取派司机在“司机签字”处签字（见图 6－14－28）。相关人员按规定对单据进行留存，完成取派通知单的交接任务。

取(派)通知单

单号		TD0010459	操作站	上海
资源	车辆	沪[illegible]J01	车型	
	司机	王[illegible]	预计发车时间	2020-09-01
总数量	23.0件	总重量 121.0kg	总体积	0.557m³

客户信息

订单/运单号	顺序号	客户	地址	电话	姓名	类型
1400001805001	1	[illegible]便利店	上海市杨浦区马台街[illegible]号	131××××9643	王[illegible]	在派
0000000000080	2	[illegible]便利店	上海市杨浦区马台街[illegible]号	131××××9643	王[illegible]	在取
1400001805004	3	[illegible]童趣店	上海市静安区金箔路[illegible]号	136××××9202	李[illegible]	在派
0000000000082	4	[illegible]童趣店	上海市静安区金箔路[illegible]号	136××××9202	李[illegible]	在取

货品信息

订单/运单号	货品名称	件数(件)	总重量	总体积	备注
1400001805001	铜锣烧	5	25	0.095	
0000000000080	便笺本	6	36	0.174	
1400001805004	儿童吸管杯	6	30	0.174	
0000000000082	娃哈哈AD钙奶	6	30	0.114	
制单人：调度员	制单时间：2020年 9 月 1 日				司机签字：王[illegible]
第一联（白联）：制单人留存	第二联（红联）：物流公司留存				第三联（黄联）：司机留存

（a）TD0010459 号取派通知单交接

取(派)通知单

单号		TD0010460	操作站	上海
资源	车辆	沪[illegible]J02	车型	
	司机	刘[illegible]	预计发车时间	2020-09-01
总数量	11.0件	总重量 54.0kg	总体积	0.269m³

客户信息

订单/运单号	顺序号	客户	地址	电话	姓名	类型
1400001805002	1	[illegible]母婴生活馆	上海市虹口成区贤街[illegible]号	138××××7609	冯[illegible]	在派
1400001805003	2	[illegible]文具批发中心	上海市徐汇区中华路[illegible]号	180××××5897	陈[illegible]	在派

货品信息

订单/运单号	货品名称	件数(件)	总重量	总体积	备注
1400001805002	婴儿奶粉	5	30	0.095	
1400001805003	图画本	6	24	0.174	
制单人：调度员	制单时间：2020年 9 月 1 日				司机签字：刘[illegible]
第一联（白联）：制单人留存	第二联（红联）：物流公司留存				第三联（黄联）：司机留存

（b）TD0010460 号取派通知单交接

图 6－14－28　取派通知单交接

步骤4：取派作业

1. 取派出站

场站操作员接到取派通知单后，根据取派通知单的作业要求，将待派货品搬运至发货月台，平整地摆放在月台上。

场站操作员登录现代物流综合作业系统，点击【运输作业】→【取/派出站】，点击【扫描】，进入操作界面。操作员用手持终端设备逐件扫描待派货品。每件货品被扫描确认后，系统会自动识别货品所在的运单信息，并在检测件数处显示数量信息（见图6－14－29）。

待所有货品全部扫描完毕，检测件数与总件数数量相符后，选中待派订单，点击【出站】，完成出站扫描操作（见图6－14－30）。

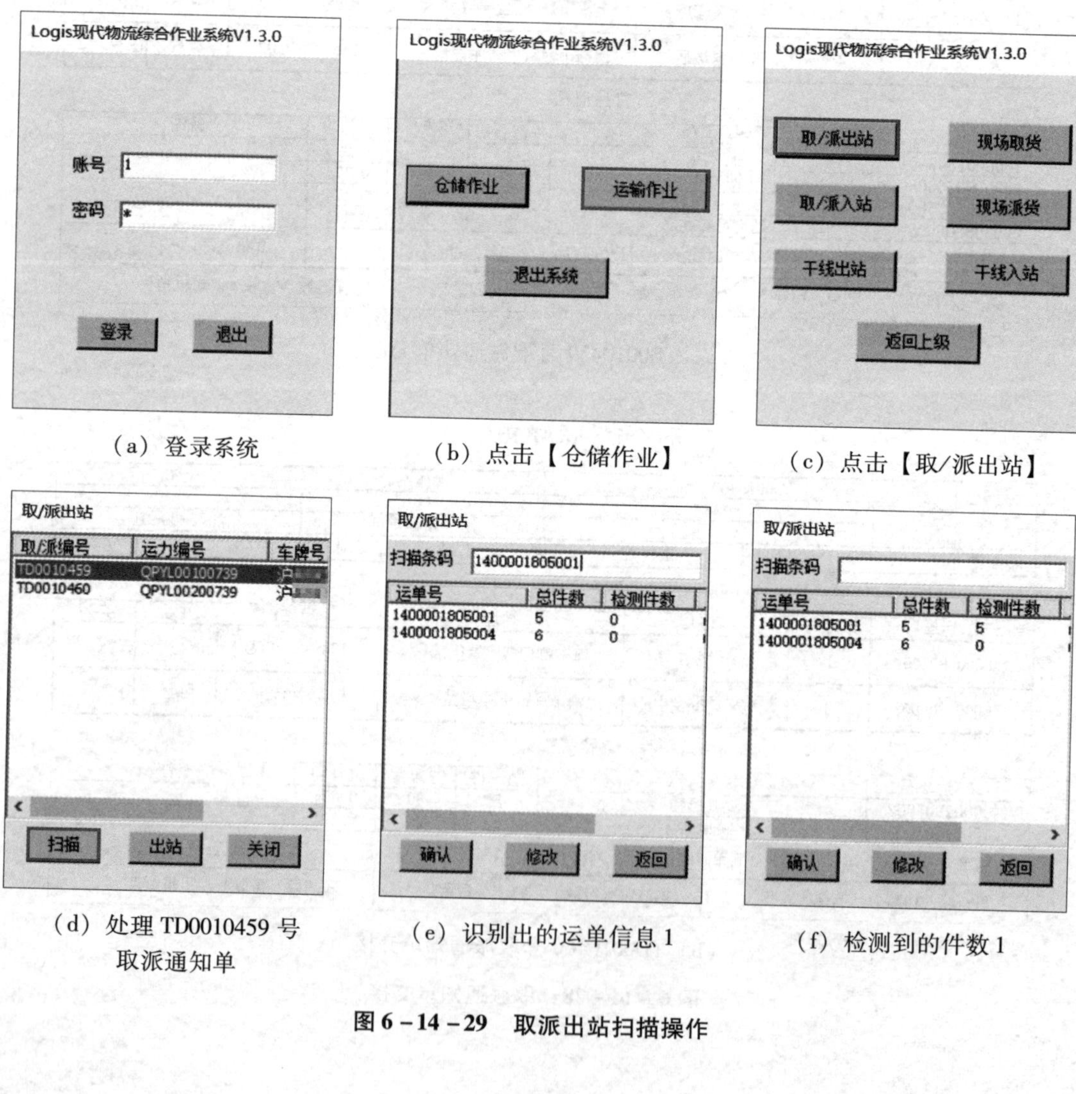

（a）登录系统　（b）点击【仓储作业】　（c）点击【取/派出站】

（d）处理TD0010459号取派通知单　（e）识别出的运单信息1　（f）检测到的件数1

图6－14－29　取派出站扫描操作

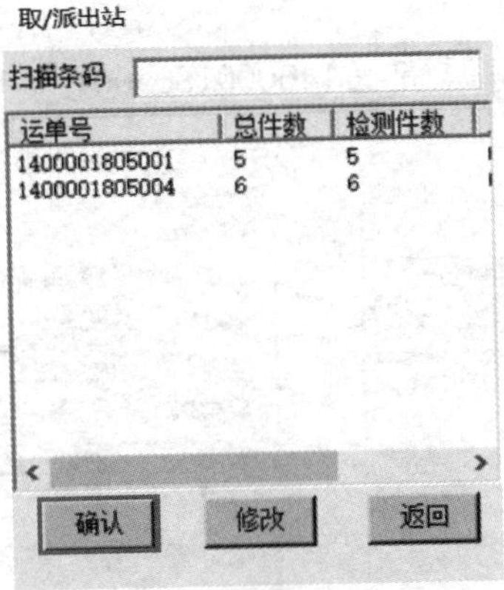

（g）检测到的件数 2

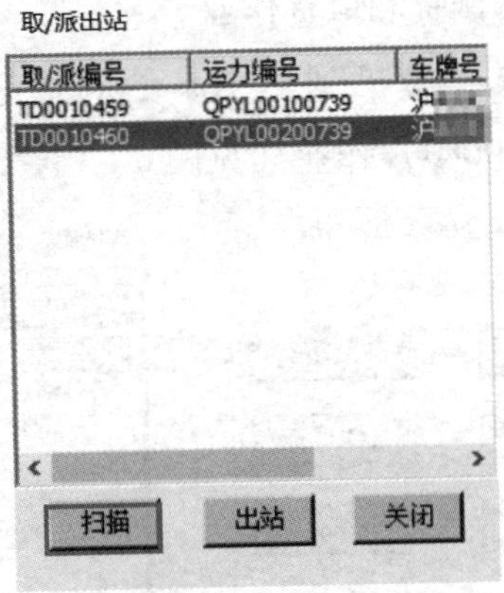

（h）处理 TD0010460 号取派通知单

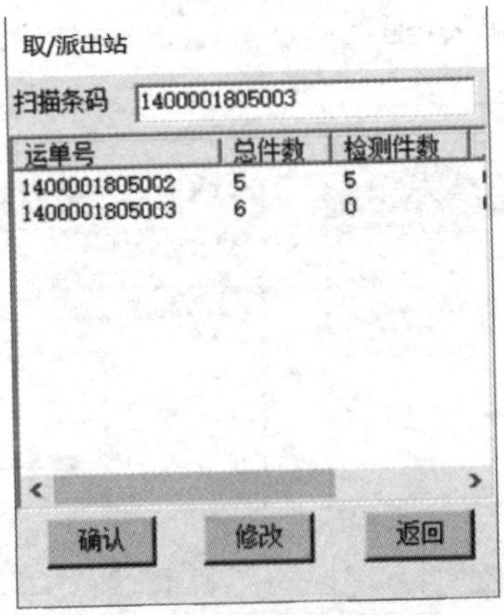

（i）检测到的件数 3

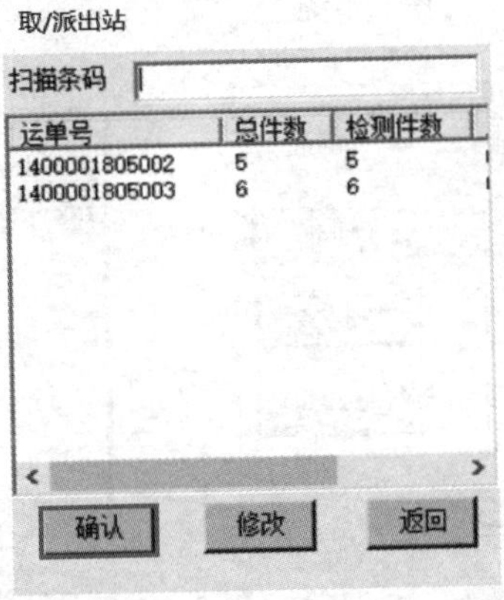

（j）检测到的件数 4

图 6－14－29　取派出站扫描操作（续）

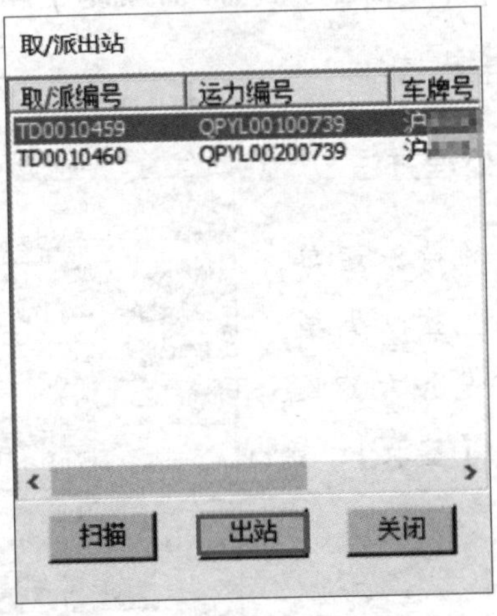

（a）选择出站订单

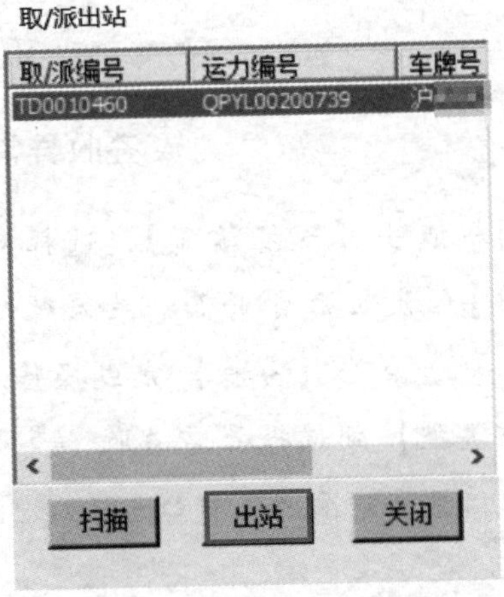

（b）完成出站扫描操作

图 6－14－30　出站扫描

2. 现场派货和取货作业

(1) 取派司机到达××便利店进行现场派货 (1400001805001) 和现场取货 (0000000000080) 作业 (见图 6-14-31)。

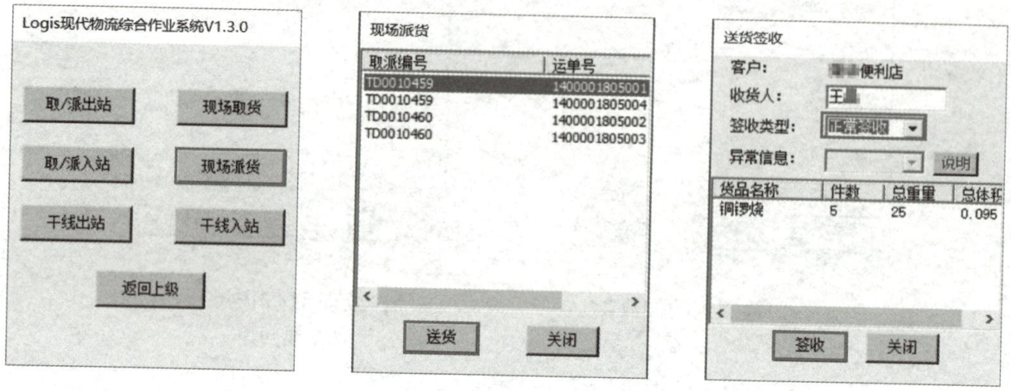

(a) 登录系统　　(b) 选择 1400001805001 号运单　　(c) 完成派货

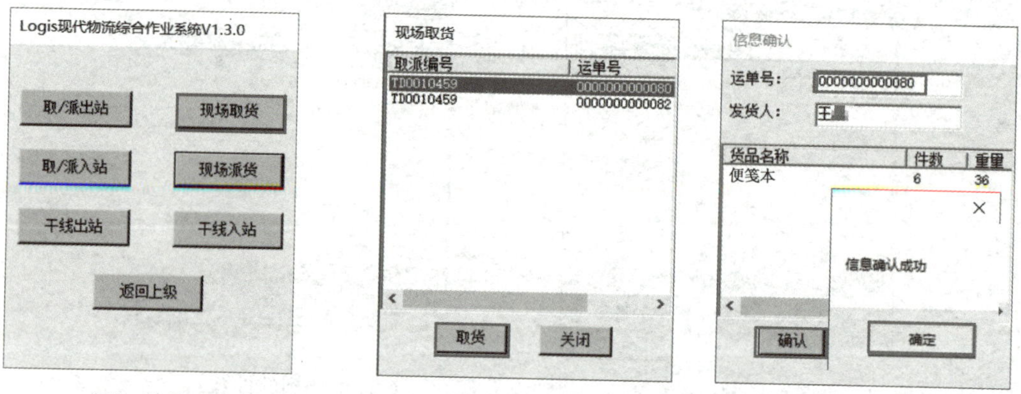

(d) 登录系统　　(e) 选择 0000000000080 号运单　　(f) 完成取货

图 6-14-31　现场派货 (1400001805001) 和现场取货 (0000000000080) 作业

知识链接

签收异常的处理方法

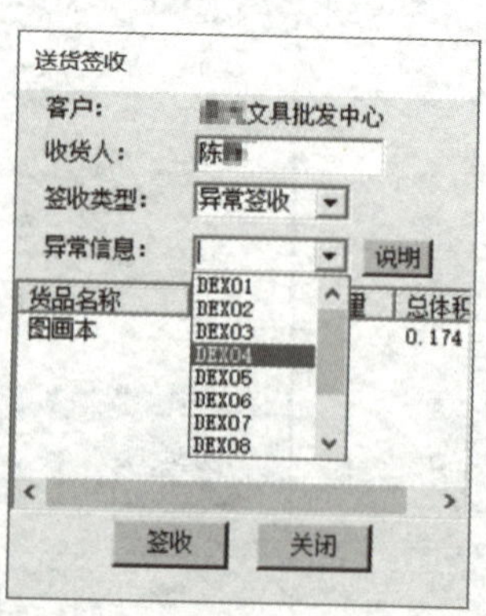

取派司机点击【现场派货】，选择对应的待派运单，点击【送货】，进入派货页面，录入收货人、签收类型。若是正常签收，点击【签收】完成操作。若是异常签收，需在【签收类型】处选择异常签收，再点击【签收】，系统会将异常信息反馈至调度中心进行处理。

（2）取派司机到达××童趣店进行现场派货（1400001805004）和现场取货（0000000000082）作业（见图6－14－32）。

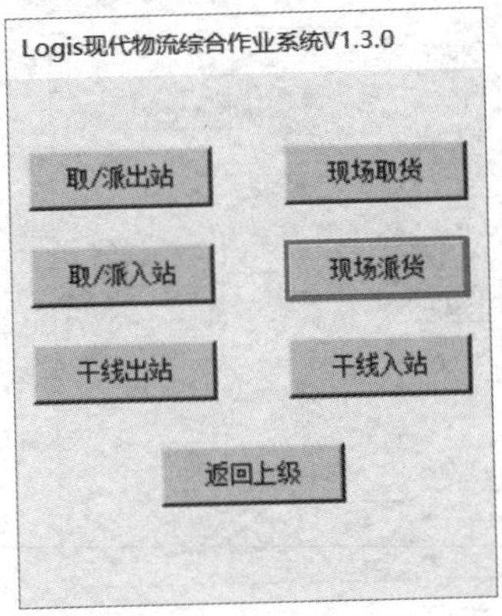

（a）登录系统

（b）选择1400001805004号运单

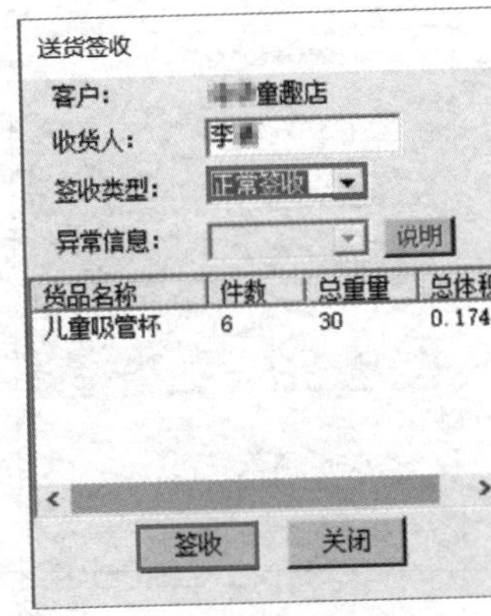

（c）完成派货

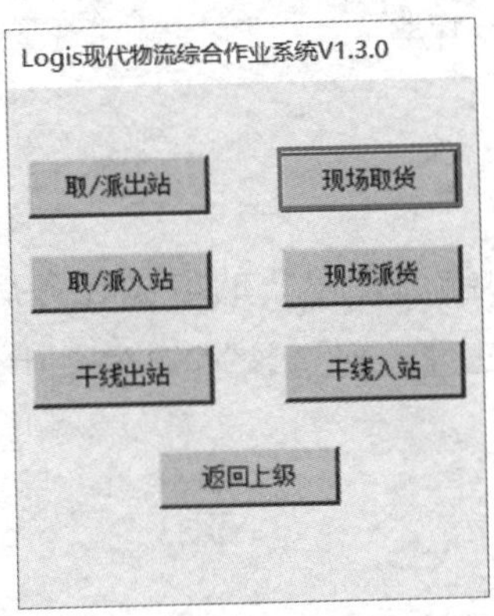

（d）登录系统

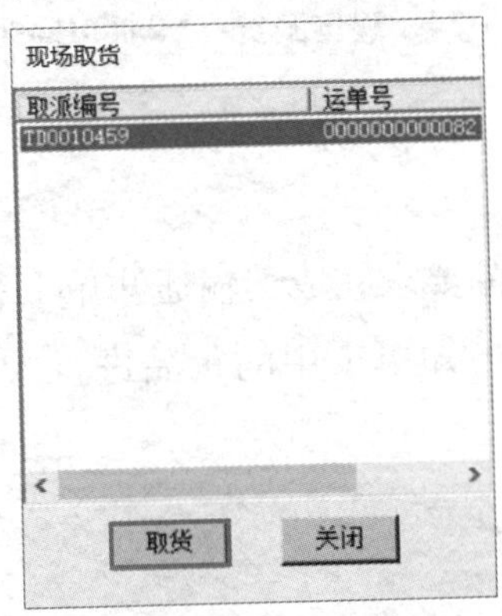

（e）选择0000000000082号运单

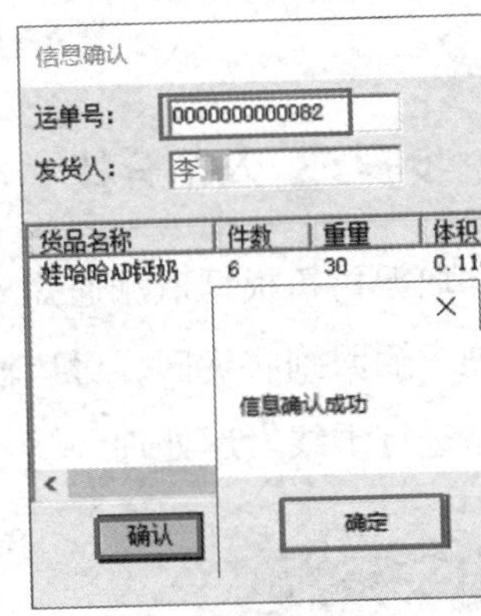

（f）完成取货

图6－14－32　现场派货（1400001805004）和现场取货（0000000000082）作业

（3）取派司机到达×××母婴生活馆进行现场派货（1400001805002）（见图6－14－33）。

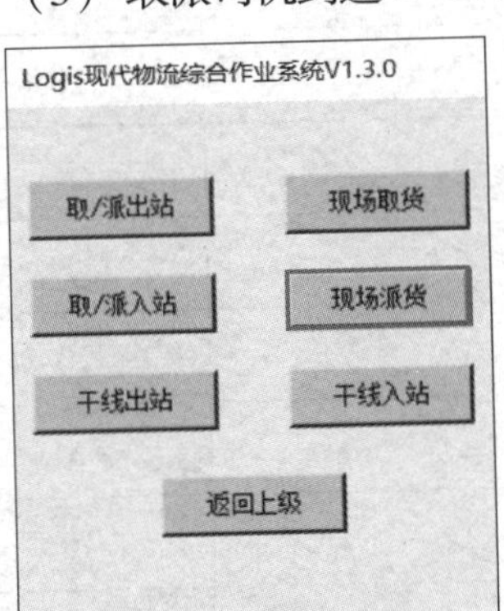

（a）登录系统

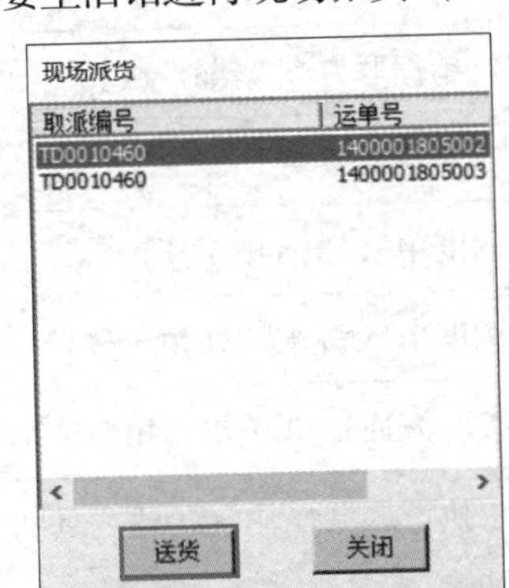

（b）选择1400001805002号运单

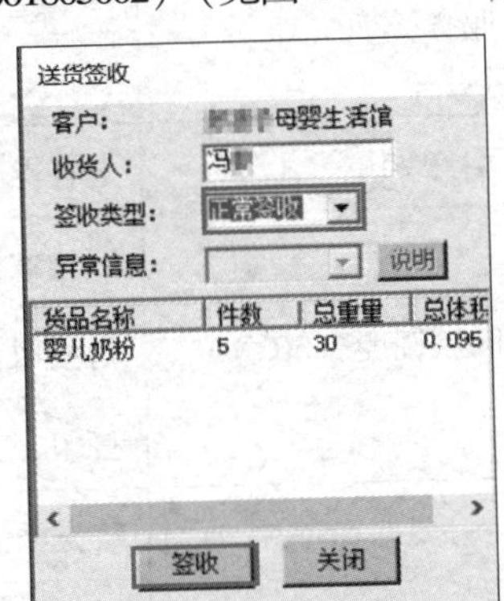

（c）完成派货

图6－14－33　现场派货（1400001805002）作业

（4）取派司机到达××文具批发中心进行现场派货（1400001805003）（见图6-14-34）。

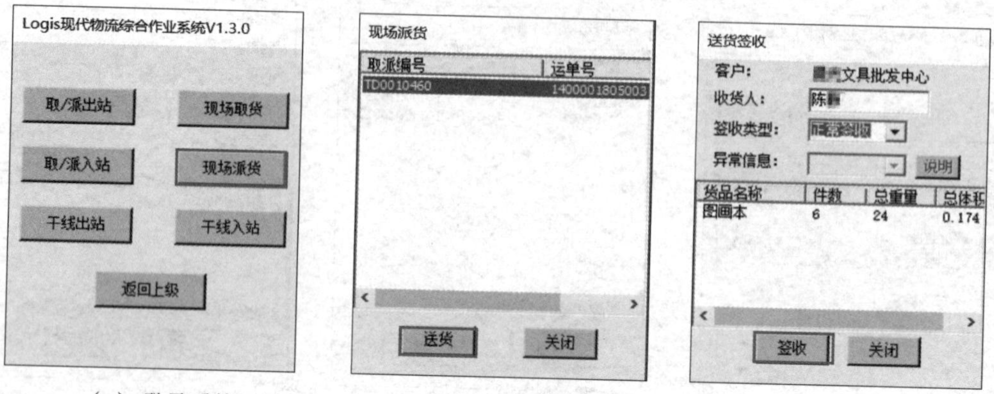

（a）登录系统　（b）选择1400001805003号运单　（c）完成派货

图6-14-34　现场派货（1400001805003）作业

步骤5：入站分拨

取派司机根据取派通知单的要求完成运输通知单1和运输通知单2的取派任务后，驾驶车辆回到收货区，对运输通知单1中的货品进行入库处理，对运输通知单2中的货品进行干线发运处理。

任务评价

项目名称	评分标准	分值
业务受理（15分）	受理取、派订单（错漏扣5分）	5
	留底、交付单据联（每错漏一次扣2分）	10
分单调度（5分）	选择路由（错漏扣5分）	5
取派调度（30分）	新增取派调度单（错漏扣5分）	5
	指派取派调度单（每错一处扣5分）	20
	打印、交接取派通知单（错漏扣5分）	5
取派作业（45分）	按先派后取执行取派操作（每错一处扣5分）	10
	核对货品名称、数量（每错一处扣5分）	10
	检查货品外包装及封箱情况（每错漏一处扣5分）	10

续　表

项目名称	评分标准	分值
取派作业（45 分）	单车取/送货总体积是否符合车辆容积（每不符合一处扣 5 分）	10
	制定取派路线（不合理扣 5 分）	5
入站分拨（5 分）	描述下一步作业内容（表述不正确扣 5 分）	5

任务 15　干线发运作业

任务目标

1. 掌握干线发运作业的基本流程。
2. 能够根据要求正确完成干线发运作业。

任务资讯

一、不可受理业务

根据题目要求，对于不可受理的业务，需要在单据备注中写明拒收原因。

（1）货品性质不符合要求：货品性质超出承运范围，不予以受理，并在订单上备注如危险品、易燃易爆危险品、有毒货品以及生鲜货品等拒收原因。

（2）目的地不符合要求：送货目的地超出公司承运范围，或目的地格式不正确不明确的情况，不予以受理，并在订单上注明“超出承运范围”或“目的地不明确”。

（3）时间不符不符合要求：货车车次表中没有能够满足客户需求的车次。

二、入站集货概述

集货是指企业将分散的小批量的货品集中起来，以便进行运输、配送的作业。集货是配送的重要环节，将收到的快件进行打包分类，放到输送线上，确认待分拣货品的运输方向，并将待分拣货品搬运至暂存仓储笼内。取派司机在完成取派任务后，驾驶车辆回到收货区，结合货品信息及班线信息，将取回货品按要求分别进行干线发运、干线发运暂存或入库处理。

三、干线发运货品的处理

（1）干线发运：根据任务规则，判断货品需要发运的，使用托盘将货品搬运至干线发运区。相同时间发运的货品放置于同一区域内。干线发运区的1、2、3分别对应发货时间的顺序。

（2）干线发运暂存：根据任务规则，判断货品不需要发运的，使用托盘将货品搬运至干线发运暂存区，干线发运暂存货品的产生一般是由于当天该路由车辆的发车时间不在仓库的运营时间。

任务描述

2020年9月1日，××集团上海物流中心主管张某向仓管员许某下达上海—广州干线发运任务。

已知物流中心运输部用于发往广州的干线班车的班线、车辆状态、发车时间和预计到达时间等信息如表6-14-1所示。

已知物流中心运输部用于市内配送的取派作业的两辆车辆已经返场，车辆信息如表6-14-2所示。

任务要求

根据所提供的运输通知单（见图6-14-2），分析是否受理运输作业任务，对于受理的运输作业任务，分工协作完成当天所有长途运输装车任务。

任务实施

步骤1：入站集货

1. 入站交接

取派司机完成取派作业后，将带回的单据、货品与场站操作员进行交接。交接的单据包括：派送后带回客户签字后的物流公司联、取派通知单。场站操作员核对取回的货品信息与取派通知单中的信息是否一致，确认无误后，将取回的货品摆放至收货月台。

2. 入站扫描

场站操作员登录现代物流综合作业系统点击【取/派入站】，选中待入站的订单信息，点击【扫描】，进入扫描确认界面。利用手持终端设备逐件扫描货品条码信息，每扫描一件货品，检测件数则会自动 +1。待货品全部扫描完毕后，点击【入站】按钮，完成入站扫描操作。

TD0010460 只有派送任务，空车返场，直接点击【入站】（见图 6 – 15 – 1）。

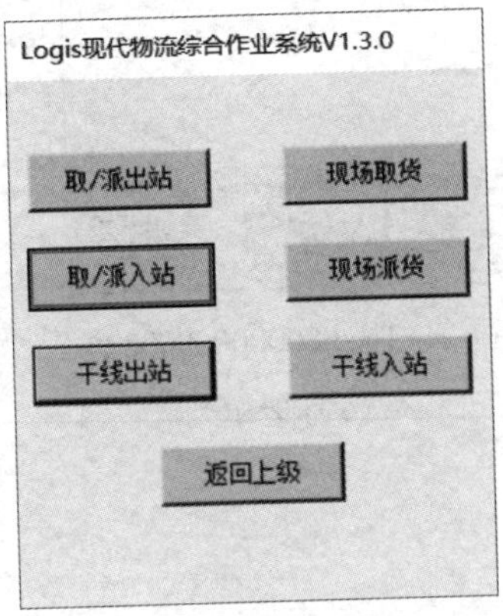

（a）点击【取/派入站】

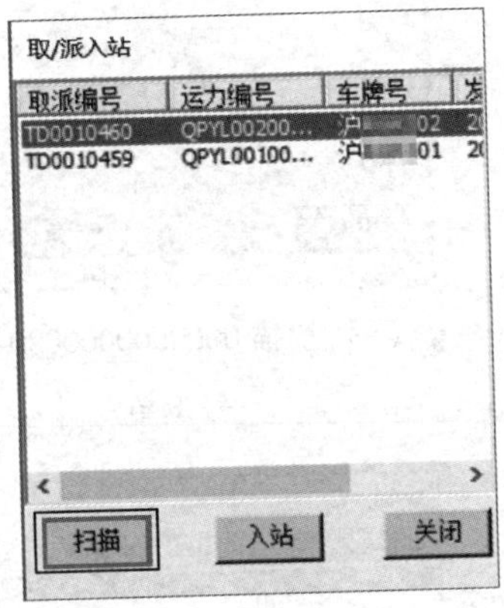

（b）选择 TD0010460 号取派通知单，点击【扫描】

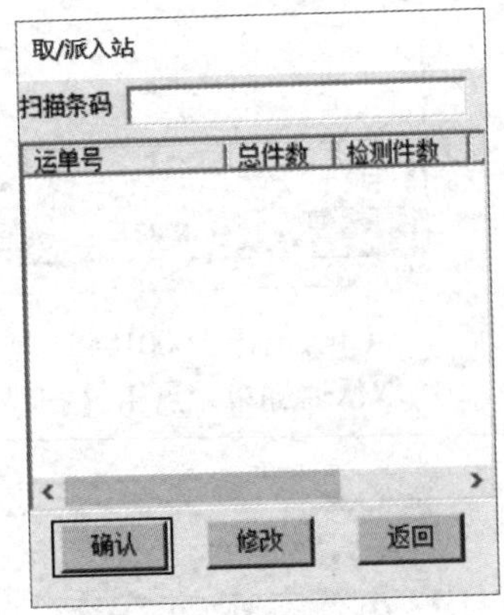

（c）点击【确认】

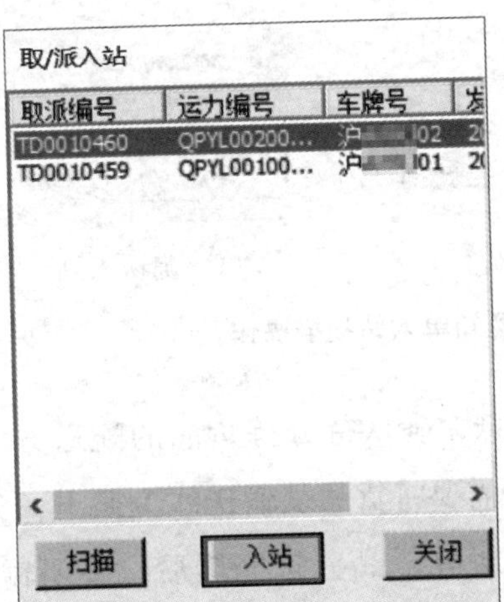

（d）点击【入站】

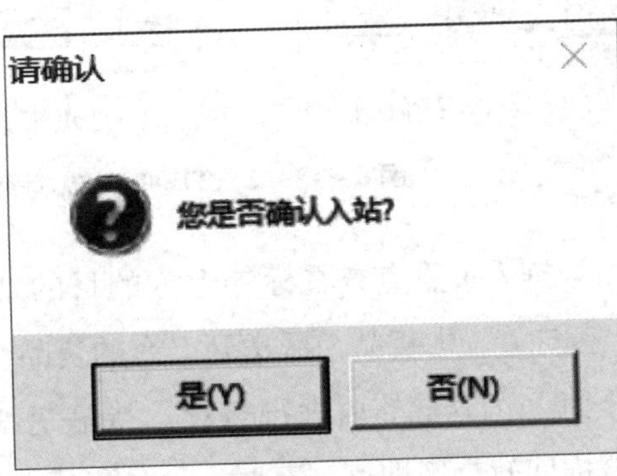

（e）确认入站

图 6 – 15 – 1　TD0010460 入站扫描操作

TD0010459 有取货任务，载货返场（0000000000080、0000000000082），扫描确认后再点击【入站】（见图 6 – 15 – 2）。

3. 进站集货

场站操作员将扫描完毕的货品搬运至输送线，由场站分拣人员进行货品的入站分拣作业。场站分拣人员，站在分拣线旁的仓储笼前，根据货品包装上粘贴的标签信息进行分拣作业。

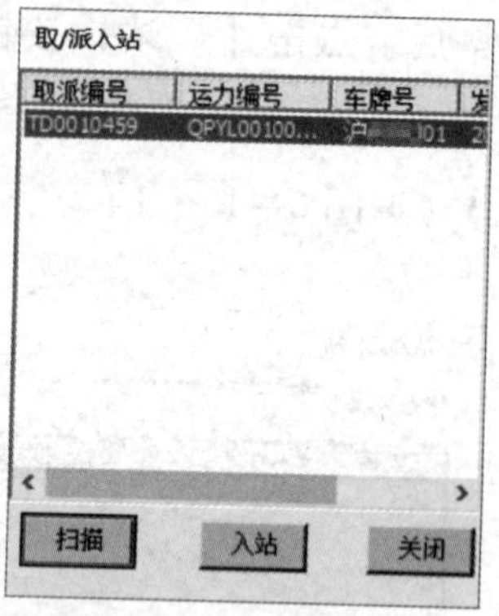

（a）选择 TD0010459 号取派通知单，点击【扫描】

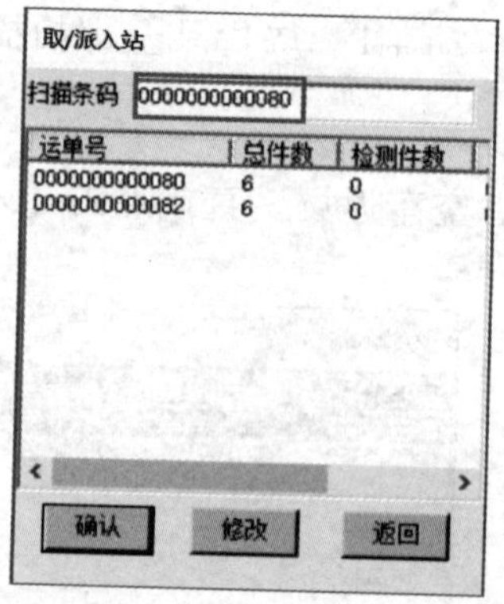

（b）扫描 0000000000080 号运单

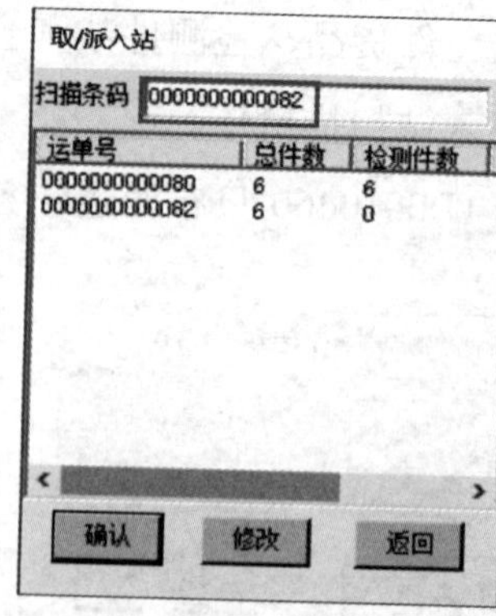

（c）扫描 0000000000082 号运单

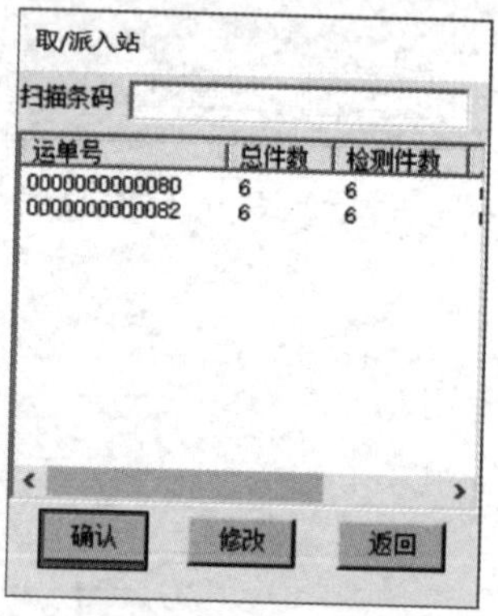

（d）点击【确认】

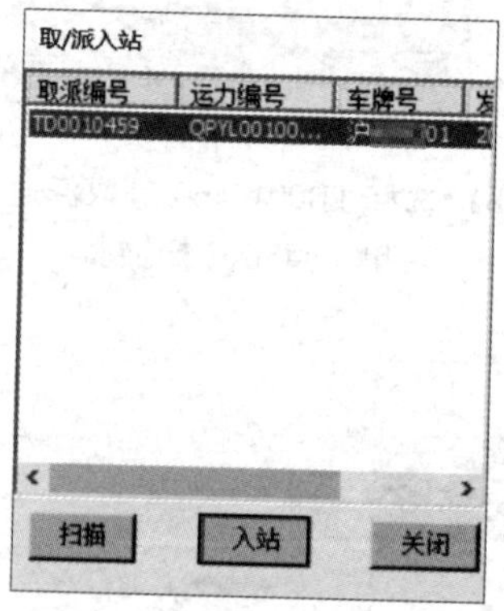

（e）点击【入站】

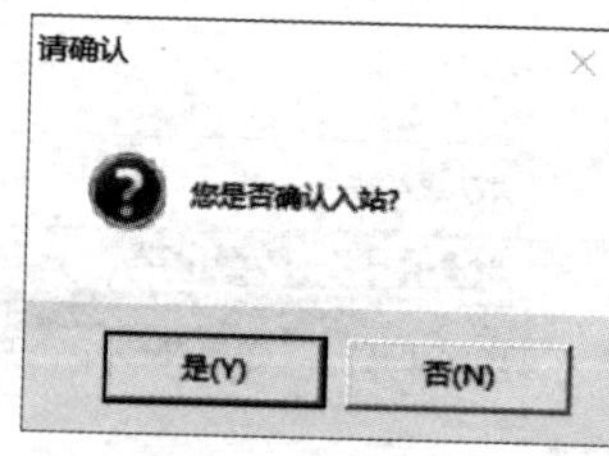

（f）确认入站

图 6－15－2　TD0010459 号取派通知单入站扫描操作

场站分拣人员重点查看标签上方的目的站信息，确认待分拣货品的配送方向，如“货品标签图示”中货品为派送到上海的货品，则需要将货品从输送线上搬下，分拣至标有“上海”的仓储笼内进行暂存。待输送线上所有货品分拣完毕后，关闭输送线，将仓储笼推回暂存区即可。至此，入站集货分拣作业结束。

步骤 2：干线发运

根据题目中的规则，判断出运输通知单 2 满足干线发运的条件，将货品使用托盘搬运至干线发运区。

1. 查看发运通知

信息员/调度员登录现代物流综合作业系统，点击【运输管理】→【发运通知】（见图 6－15－3），进入发运通知的处理页面。

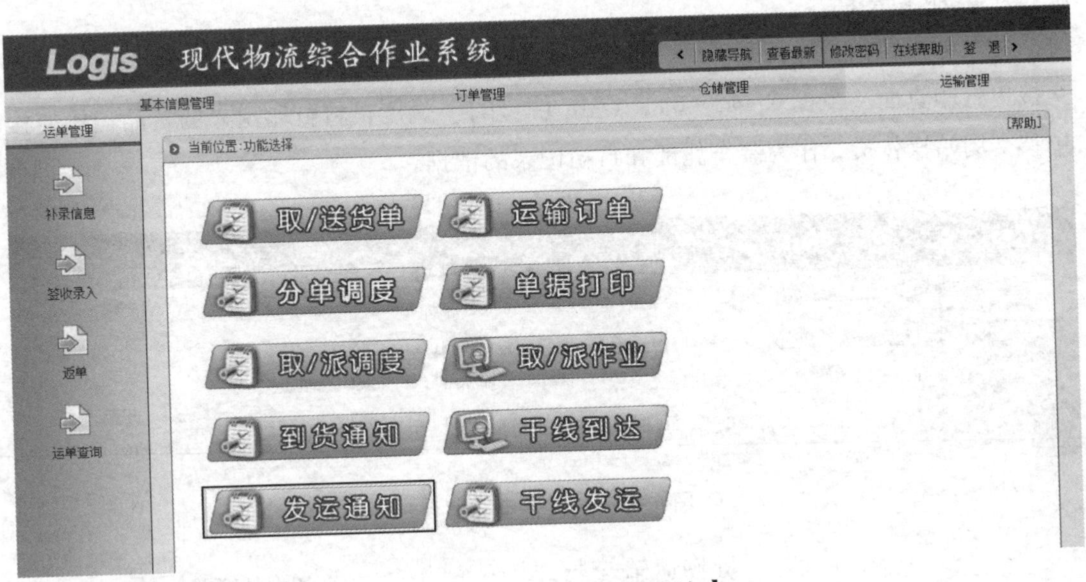

图6－15－3　点击【发运通知】

发运通知列表中有一条从“上海”到“武汉”的发货信息，点击【查看】，确认集货明细信息无误后，点击【关闭】页面（见图6－15－4）。

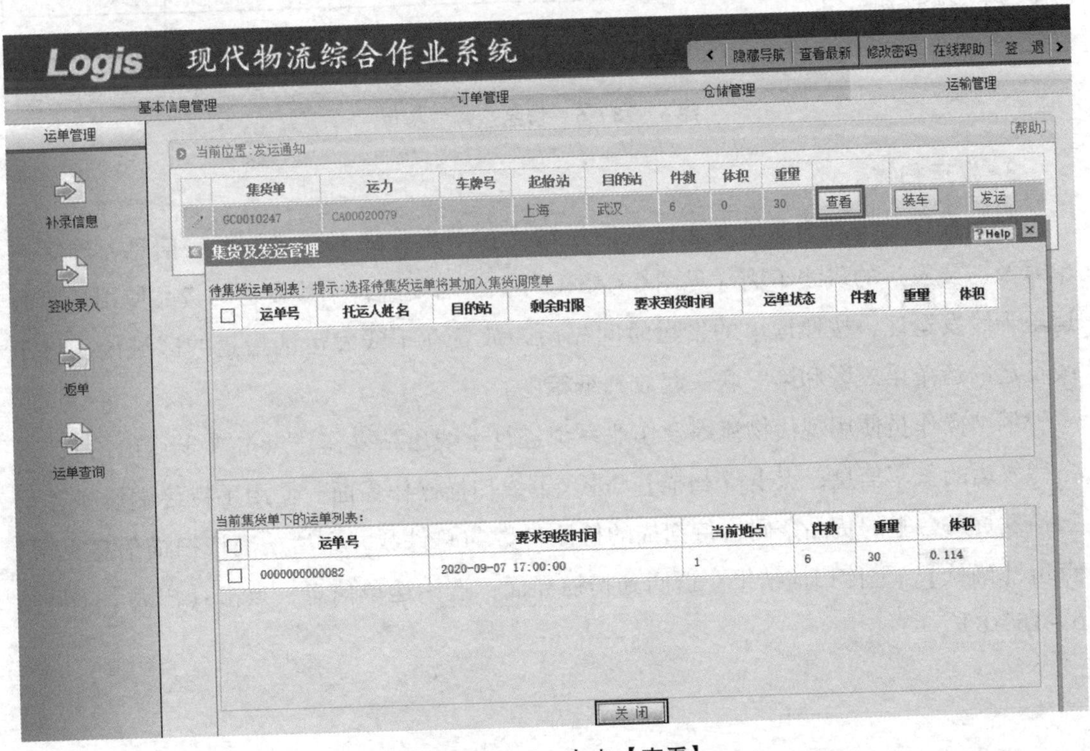

图6－15－4　点击【查看】

2. **打印交接单**

待发运班车信息确认无误后，点击【装车】（见图 6－15－5），页面弹出货品运输交接单打印页面（见图 6－15－6），点击【打印】。调度员将打印出来的货品运输交接单移交场站操作员，作为装车凭证和封箱记录的依据。

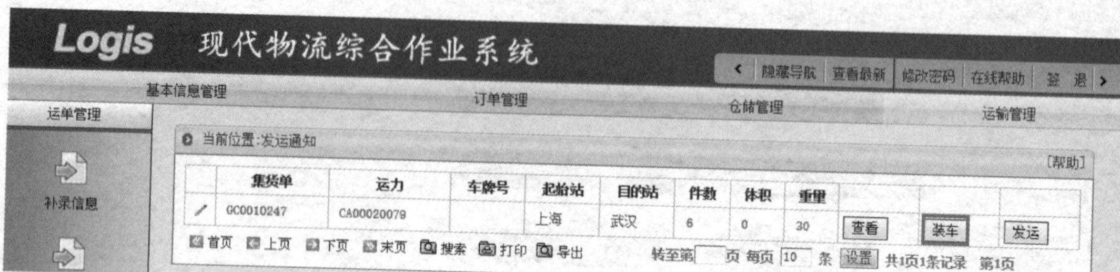

图 6－15－5　点击【装车】

货物运输交接单[1]

NO:GC0010247

始发站	上海	车牌号	沪[illegible]809	核载(吨)	20	发车时间	
目的站	武汉	司机	王[illegible]	车容(m³)	12	预达时间	
序号	运单号	客户名称					
0	0000000000082	[illegible]童趣店		件数(件)	体积(m³)	重量(kg)	备注
合计				6	0.114	30	
发站记事	施封:铅封锁	随车设备		6.0	0.114	30.0	
到站记事	施封:铅封锁	到达时间	年　月　日　时	发货方		司机	
	收货及货损描述						
制单人:		制单时间:					

第一联（白联）：发运场站留存　第二联（红联）：司机留存　第三联（黄联）：目的场站留存

图 6－15－6　货品运输交接单

3. **发运扫描**

场站操作员接到调度员发送过来的运输交接单后，根据交接的发运信息，确定运单号及需要发运的班线车辆（见图 6－15－7），将需要进行干线发运的货品使用托盘搬运至干线发运区，按照运单的发运时间先后，放置在干线发运区指定的区域内，将干线发运的运单第二联和第三联一起放到纸箱上。

场站操作员使用现代物流综合作业系统进行干线出站操作，点击【干线出站】，点击待发运的班车信息，点击【扫描】，进入干线扫描操作界面。使用手持终端设备逐个扫描发货月台上的货品条码，待扫描的检测件数与总件数一致后，确认扫描信息无误，点击【确认】，上传扫描结果。返回到扫描界面，选中运单信息，点击【出站】（见图 6－15－8）。

1　货品运输交接单是系统内集货单在发货环节的另一种体现形式。因为同一批货品的操作对象与面向对象不同，故单据编号相同，名称不同。

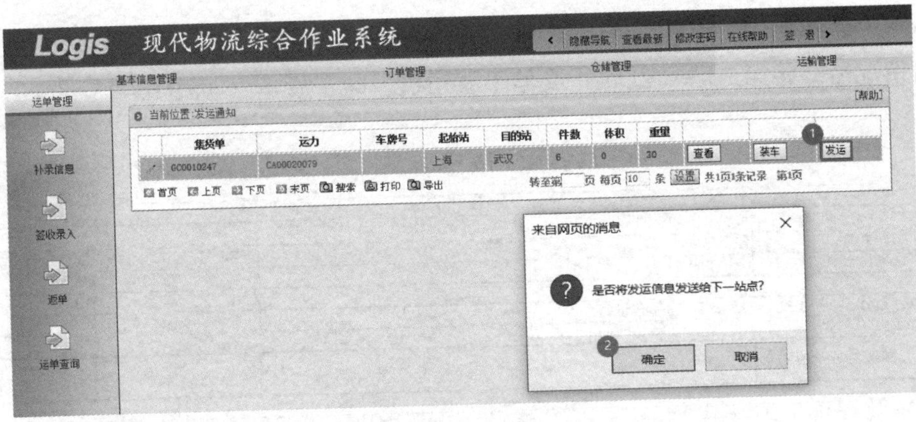

图 6－15－7　发运扫描

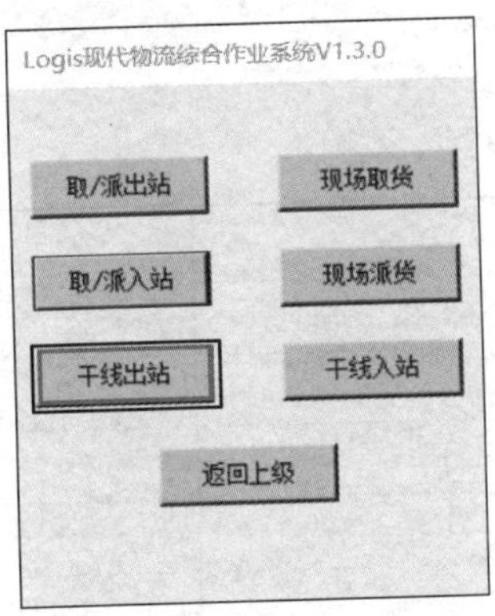

(a) 点击【干线出站】

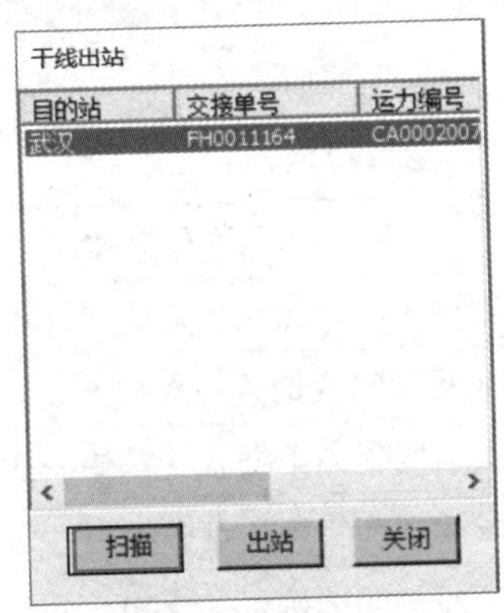

(b) 选择 CA0002007 号运单，点击【扫描】

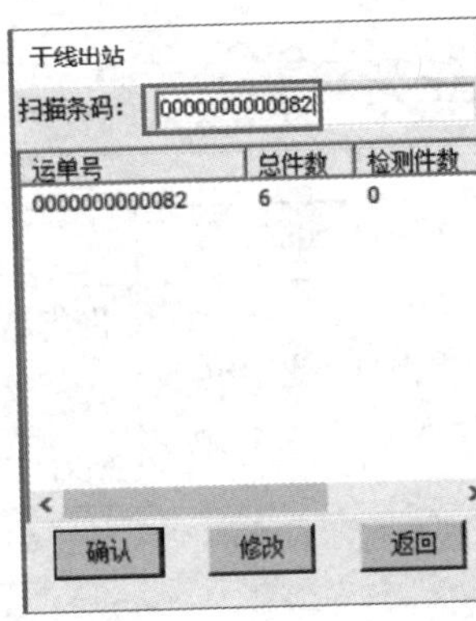

(c) 扫描 0000000000082 号运单

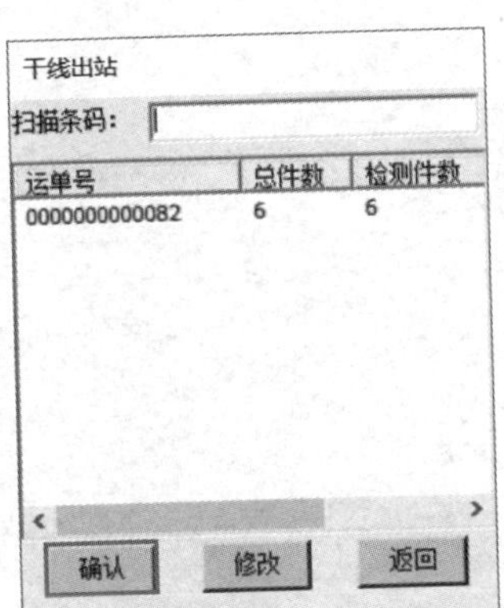

(d) 点击【确认】

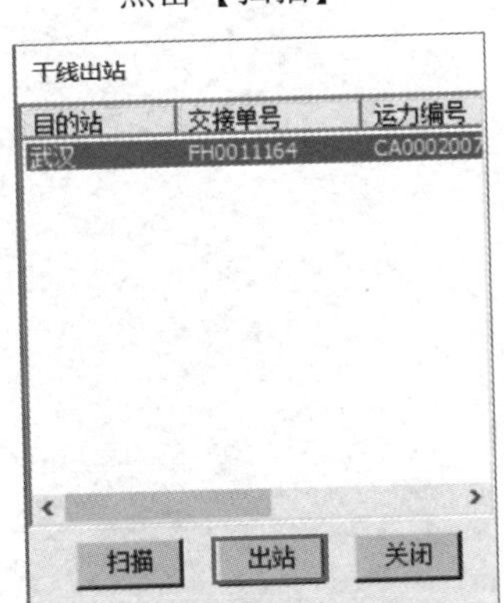

(e) 点击【出站】

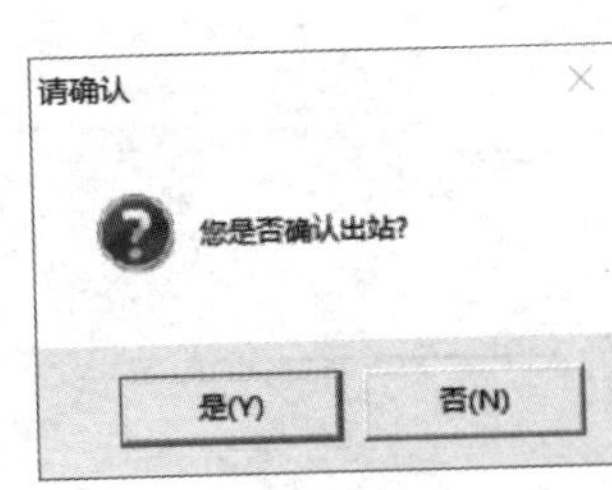

(f) 确认出站

图 6－15－8　干线出站操作

4. 干线装车

场站操作员对扫描完毕的货品进行装车操作。待货品装车完毕后，需要在干线司机的监督下关闭箱门，取出铅封锁，加载在车厢门上，并在运输交接单上填写上具体的铅封情况后，将第二联（红联）交给干线司机，随车发运（见图6－15－9）。

货物运输交接单

NO:GC0010247

始发站	上海	车牌号	沪[illegible]809	核载(t)	20	发车时间	
目的站	武汉	司机	王[illegible]	车容(m³)	12	预达时间	
序号	运单号	客户名称		件数(件)	体积(m³)	重量(kg)	备注
0	0000000000082	[illegible]童趣店		6	0.114	30	
合计				6.0	0.114	30.0	
发站记事	施封：铅封锁 1枚 XXXXXX	随车设备		发货方		司机	
到站记事	施封：铅封锁	到达时间	年 月 日 时				
	收货及货损描述						

制单人：调度员　　制单时间：2020年9月1日

第一联（白联）：发运场站留存　　第二联（红联）：司机留存　　第三联（黄联）：目的场站留存

图6－15－9　填写货品运输交接单

任务评价

项目名称	评分标准	分值
入站集货（40分）	将货品放置到干线发运区指定区域（每错一次扣5分）	20
	搬运货品（每掉箱或倒置一次扣5分）	20
干线发运（60分）	留存干线发运区货品单据联（每错一次扣5分）	20
	处置干线发运区卸货用托盘搬运车（每错一次扣5分）	20
	搬运货品（每掉箱或倒置一次扣5分）	20